내 아이를 위한 아빠 최적화 로직
아빠 2.0 새로운 아빠 되기

내 아이를 위한 아빠 최적화 로직
아빠 2.0 새로운 아빠 되기

초판 1쇄 인쇄 2025년 6월 19일
초판 1쇄 발행 2025년 7월 3일

지은이 최태순

발행인 백유미 조영석

발행처 (주)라온아시아
주소 서울특별시 서초구 방배로 180, 스파크플러스 3F

등록 2016년 7월 5일 제 2016-000141호
전화 070-7600-8280   **팩스** 070-4754-2473

값 20,500원
ISBN 979-11-6958-217-9 (13190)

※ 라온북은 (주)라온아시아의 퍼스널 브랜드입니다.
※ 이 책은 저작권법에 따라 보호받는 저작물이므로 무단전재 및 복제를 금합니다.
※ 잘못된 책은 구입하신 서점에서 바꾸어 드립니다.

라온북은 독자 여러분의 소중한 원고를 기다리고 있습니다. (raonbook@raonasia.co.kr)

내 아이를 위한 아빠 최적화 로직

아빠 2.0
새로운 아빠 되기

최태순 지음

아빠라는 자리를 어렵게 느끼는 아빠를 위한
새로운 아빠 프로그램 설계 프로젝트

아이와 아빠의 감정과 관계를 재설정하는
화해와 공감, 신뢰의 시스템을 구축하라!

일상 속
실행 가능
아빠 루틴
수록!

이 세상의 아버지들은 정말 다양한 모습으로 살아가고 있다. 똑같은 방식으로 부모의 역할을 하는 사람은 없을 것이다.

부모로서 제대로 된 역할을 어떻게 할지 모르고 살면서 생긴 크고 작은 갈등은 집집마다 눈물이 되고, 상처가 되고, 가슴의 돌덩이가 되어 고스란히 자식들의 삶에 투영되곤 한다.

이 책에서 저자의 마음에 고스란히 남아있는 어린 시절의 상처들을 용기있게 밝히고 있는데, 오늘날에도 어디선가 많은 아빠들이 아이에게 의도하지 않는 상처를 주고 그 행동을 후회하면서도 그런 자신에 대해 자기합리화를 반복하는 모순된 일상에서 벗어나야 한다는 저자의 절실함을 느끼게 되어 많은 공감이 되었다.

나는 저자와 꽃피울소통학교를 통해서 만난 특별한 인연이 있다. 한창 말 안 들을 나이의 아들 둘과 살아가면서 더 좋은 아빠, 만족스런 아빠의 역할을 하고자 초롱초롱한 눈빛으로 수업에 임하였던 기억이 있고, 또 어떤 순간에는 눈가에 촉촉한 이슬이 맺히며 수업에 참가했던 진지한 모습을 잊을 수 없다.

아이는 하루 하루가 다르게 성장하고 변해가는데 부모의 버전은 예전 그대로 사용되며, 곤란한 상황이 되어도 다른 방법을 쓰기보다는 강요, 짜증, 화, 무시 등 문제를 더욱 심각하게 만드는 방식으로 아이를 대하기 때문에 문제아도 생기고 문제 가정도 생기는 것이 아닌가 한다. 이런 생각에서 이 책에서 줄곧 주창하는 아빠(엄마) 역할의 업그레이드는 모든 부모들의 시급하고도 중요한 과제라 생각한다.

　부모가 아이를 대하는 방식들이 다분히 심리적 작용의 결과인데 아이와의 일상에서 부딪히며 얻게 된 경험적인 통찰과 거기에 탄탄한 기반의 선택이론을 적용하며 스스로 실행하면서 얻은 결실을 정리해 놓았다는 점이 놀랍기만 하다.

　대기업의 평범한 직장인인 저자는 심리학자도 아동교육학자도 아닌, 샐러리맨이자 한 가정의 가장이자 남편이요, 아이들의 아빠다. 그런 그가 이렇게 깊이있게 아이와의 관계, 소통에 대해 멋진 솔루션들을 풀어냈다는 점이다.

　특히 인상적인 점은 저자의 전공분야인 IT 용어, 작용 원리 등을 비유적으로 쉽게 정리해서 독자들의 기억 속에 오래 남겨 그 이후 실생활에서 행동으로 옮겨질 수 있도록 독창적인 방법으로 풀어냈다. 거기엔 저자는 물론 모든 부모들이 좋은 아빠. 엄마가 되고 싶다는 바람이 있고, 그 바람을 이루는 데 보탬이 되고자 해서 연구했을 것이며, 관련 이론과 연구들을 통독하고 그 내용들을 자신의 일상에 접목하여 얻게 된 결실이라 생각한다.

　이 책에는 자세하고 실질적인 실행 방법을 나열해 놓았기 때문에 부모 역할을 업데이트하고 싶은 분들에겐 매우 도움이 될 것이다. 그렇지만 생각처럼 되지 않고 실패하게 되었을 때 어떻게 복구할지도 친절하게 설명해 놓은 저자의 성공 경험들은, 독자들에 대한 따듯한 위로와 배려로 느껴져서 매우 인상적이었다.

부모로서 아이를 키우는 것은 그저 육아를 하는 것이 아니라 아이의 성장을 도우며 아빠, 엄마 자신도 성장하고, 미숙한 자신에서 성숙한 모습으로 변화하게 된다는 점에 주목하면서 Life long Process라는 표현이 생각난다. 부모로 산다는 건 평생의 과정이다.

특히 마지막 부분의 어린 자신에게 보내는 편지의 글, 고백은 정말 눈물겨운 솔직함이고 따듯함이고 애틋함으로 다가왔다. 이 책은 서점에서 많이 접하는 매끈하게 정리된 책들과 달리 다소 투박하지만 솔직 담백한 저자의 이야기여서 좋았다.

이 책을 통해서 많은 독자분들이 저자의 노력과 변신의 상징적인 표현인 '아빠 2.0' 버전으로 멋지게 살아가며, 한 가정의 거룩한 소명인 우리 사회의 희망을 만드는 가정 공동체가 되는 좋은 계기가 되길 나도 소망해 본다.

- 강정흔 (꽃피울소통학교 대표)

아빠라는 시스템에 로그인한 당신에게. 누군가는 오늘도 '아빠'라는 낯설고 복잡한 시스템에 로그인합니다. '아빠'라는 이름이 얼마나 무거운지를 저는 곁에서 지켜보며 배워왔습니다. 어릴 적, 저희 아버지는 자주 말씀하셨습니다. "아빠는 늘 미안하다. 잘해주고 싶은데, 그게 뜻대로 되질 않아." 어린 시절에는 그 말이 잘 이해되지 않았지

만, 이제는 알 것 같습니다. 좋은 아빠가 된다는 건 단지 책임을 지는 것을 넘어, 자신을 깊이 들여다보고, 고치고, 때로는 버전업 해나가는 끊임없는 여정이라는 것을요.

처음 아빠가 되었을 때, 그 여정을 차근히 알려주는 사람은 없었을 겁니다. '잘해야지', '지켜야지', '참아야지' 같은 말들이 마음을 붙잡는 유일한 지침이었겠죠. 하지만 시간이 흐르며 알게 됩니다. 아이에게 좋은 아빠가 되는 길은 무언가를 더하는 것이 아니라, 나 자신을 더 깊이 들여다보는 것에서 시작된다는 사실을요.

이 책은 단순한 육아서가 아닙니다. 프로그래머로 살아온 저자가 '아빠'라는 시스템에 로그인하고, 매일을 디버깅하며 자신을 고쳐나간 성장의 로그입니다. 화를 참다 터지는 감정, 좋은 의도로 건넨 말이 상처로 돌아올 때의 혼란, 그리고 그 모든 순간 마주하게 되는 '내 안의 어린 나' 이 책은 그런 고백에서 시작합니다.

그리고 다정하게 말합니다. "괜찮아요. 아직 미완성이어도, 지금도 충분히 노력하고 있는 당신이니까요." '아빠'라는 이름은 하루하루 진심을 업데이트해나가는 과정입니다. 완벽하지 않아도 괜찮습니다. 지금 이 순간, 당신은 이미 충분히 성장하고 있으니까요.

세상의 모든 아빠들이 오늘도 다시 그 시스템에 로그인하며, 조금씩 더 나은 자신으로, 더 단단한 사랑으로 버전업 해 가길 바랍니다.

- 박병학 《버티는 힘》 저자

추천사

엄마가 있어 좋다.
나를 예뻐해 주셔서.

냉장고가 있어서 좋다.
나에게 먹을 것을 주어서.

강아지가 있어서 좋다.
나랑 놀아 주어서.

그런데 아빠는
왜 있는지 모르겠다.

어느 초등학생의 시다. 공감이 된다면 대한민국 아빠들의 필독서가 될 이 책을 읽고 자녀에게 아빠의 존재감을 마음껏 드러내라. 2.0 아빠가 되어 위대한 영향력을 발휘하라!

- 소피노자 박서윤 《10배 버는 힘》 저자)

저자를 어느 날 직장 내 모임에서 알게 되었습니다. 일터의 동료이면서도 아이를 둔 부모라는 공통점 덕분에, 자녀 양육에 있어서의 넘어짐과 일어섬, 그리고 그 안에서의 성장을 나누는 대화를 할 기회가 있었습니다. 그 짧은 대화 속에서 많은 부분에 공감이 되었기에, 그동안 저자의 깊은 고민의 시간들이 고스란히 이 책에 담겨 있지 않았나 헤아려 봅니다.

이 책은 세상의 많은 부모들에게 공감을 얻고, 더 넓은 의미의 '우리들'이 같은 하늘 아래에서 부모로 성장해 가는 여정에 용기와 위로를 전할 수 있을 것입니다. 이 책을 읽고 내게 남은 키워드는 '자기성찰(Reflection)'입니다. 온전한 부모가 되기 위해 꼭 필요한 자기성찰의 과정으로의 초대였습니다.

보통의 부모라면 누구나, 우리가 완벽하지 않으며 실수하고 넘어진다는 것을 아이를 처음 품에 안은 기쁨이 채 가시기도 전에 마주하게 됩니다. 그러나 우리는 좌절하고 슬퍼하면서도 "나는 이것밖에 안 되는구나" 하며 자책하거나, "이러면 안 되지" 하면서도 여전히 같은 실수를 반복하곤 합니다. 그렇게 한 자리에 맴돌고 말지요.

프로그래머로서 오래도록 일해 온 저자는 자신만의 프로그래밍 원리를 통해, 우리가 매일 넘어지는 것 같은 그 자리에서 무엇을 직면하고, 무엇을 깨달아야 하며, 어떻게 조금씩 변화를 만들어낼 수 있는지를 프로세스와 예시를 통해 친절하게 인도합니다. 그리고 맴돌던 그 자리를 벗어나 앞으로 나아가자며 우리에게 따뜻한 손을 내밉니다.

부모로서 나의 감정과 마음을 들여다보고, 자신을 이해하며, 실패한 자신과 화해하는 것이 온전한 부모의 시작이라고, 실수에서 배우고 성장하기를 매일 연습하는 것이 부모의 삶의 과정이라는 것을 받아들이자고 조심스럽게 권합니다.

작가의 권유처럼, 때로는 아프고 쓰린 상처와 실패의 감정을 직면하고 성찰하는 데서부터 시작해, 날마다 앞으로 조금씩 나아가는 작은 선택과 연습의 과정을 함께 쌓아간다면, 자녀가 성장하는 동안 우리도 함께 성장해 갈 수 있을 것입니다. 그렇게 언젠가는 '부모'라는 이름이 어색하지 않은, 벅찬 순간을 맞이하게 되겠지요.

이 책은 아빠의 시선에서 쓰였지만, 엄마인 나에게도 전혀 낯설지 않았습니다. 오히려 우리 자녀의 부모 역할을 함께 하고 있는 나의 배우자의 등을 한 번 쓸어주며 토닥여주고 싶어졌습니다.

그래요, 멈추지 말고, 포기하지 말고, 매일 업그레이드하기로 해요. 아빠라는 프로그램, 엄마라는 프로그램의 이 특별한 여정을 말입니다.

- 최은영 (한국지엠 상무)

"이 책을 더 일찍 만났더라면…, 제 실수의 90%는 막을 수 있었을 겁니다."

중학생과 고등학생 자녀를 둔 40대 아빠로서, 이 책은 그야말로 '육아 회복 매뉴얼'이었습니다. 아이와의 관계에서 무심코 저질렀던 실수들, 그리고 그것이 어떻게 멀어진 마음으로 이어졌는지를 되돌아보게 했습니다.

특히, 작가가 자신의 시행착오를 솔직하게 풀어내고, 그 과정에서 찾아낸 해결책을 아낌없이 공유해주는 점이 깊이 와닿았습니다. 이 책을 통해 저는 마치 간접 체험을 하듯, 시행착오를 미리 겪고 대처하는 법을 배울 수 있었습니다.

아이와의 관계는 한번 깨지면 회복하기가 쉽지 않습니다. 이 책을 미리 읽는다면, 그 복잡하고 힘든 과정을 피할 수 있을 것입니다.

또한, IT 프로그램에 빗대어 부모-자녀 관계를 설명하는 작가의 비유는 유쾌하면서도 놀라울 만큼 공감이 되었습니다. "아, 정말 그렇구나!" 하고 웃으며 읽다가, 어느새 제 아이들과의 대화 방식을 되돌아보게 되더군요.

아빠가 되기 전에 꼭 읽어야 할 책, 이미 아빠가 되었다면 지금이라도 늦지 않았다는 걸 일깨워주는 책입니다. 진심을 다해 추천합니다.

- 최학철 (《AI가 HR의 솔루션이다》 저자)

| 프롤로그 |

***

아빠라는 자리가
어렵게 느껴지는 아빠에게

처음 '아빠'라는 이름으로 로그인하던 순간을 기억합니다. 마치 새로운 운영체제를 설치하는 듯한 설렘과 동시에, 어디서부터 손을 대야 할지 막막했던 그 시작이 생각납니다. 아내와의 연애 시기에는 꽤 괜찮은 사람이었다고 믿었습니다. 결혼 후에도 큰 문제 없이 원만하게 지내왔다고 생각했습니다. 그러던 중에 아이가 태어났습니다. 그날부터, 지금까지와는 전혀 다른 차원의 문이 열렸습니다. '아빠'라는 이름은 누군가 나를 불러주는 단순한 호칭이 아니었습니다. 그것은 매일 새롭게 실행되는 프로그램이었고, 동시에 끊임없이 새로운 오류를 만나는 디버깅의 연속이었습니다.

어느 날, 아이가 제게 말했습니다.

"아빠는 왜 그렇게 화를 내?"

그 한마디에 머리가 멍해졌습니다. 평소와 크게 다르지 않은 말투였고, 특별히 더 피곤한 날도 아니었습니다. 그렇지만 그 순간, 저는 원인을 알 수 없는 에러처럼 감정이 폭발하고 말았습니다. 마음이 너무도 무거워졌습니다. 아이에게 상처를 주려는 의도는 아니었지만, 아이에게 상처를 주었다는 사실은 나를 끝없은 자책의 심연으로 끌어내리기 충분했습니다. 아이가 잠든 후, 그날 밤, 저는 제 안의 코드를 되짚어보기 시작했습니다. 어떤 이유로 그 말에 화가 났을까? 왜 아이의 말이 나를 공격하는 것이라고 느껴졌을까? 그렇게 감정의 로그를 따라가다 보니, 오랜 시간 잠들어 있던 '내면 아이'가 고개를 들고 있었습니다.

우리 안에는 여전히 과거의 기억들이 살아 숨 쉬고 있습니다. 칭찬받고 싶었던 순간, 인정받고 싶어서 억지로 웃던 날들, 울고 싶었지만 참아야 했던 어린 시절. 그 조각들이 오늘의 나를 만들었고, 아이를 대하는 나의 태도에도 영향을 미치고 있었습니다. 아빠가 되기 전에는 몰랐습니다. 아이를 상대할 이유도, 기회도 없었습니다. 설령 만난다고 할지라도 온전한 나의 책임이기보다는 귀여운 조카들이 대상이었기 때문에 감정적으로 흔들리는 경험은 없었습니다. 이 때문에 조카들을 대하는 것으로는 내가 어떤 방식으로 자라 왔는지 인식할 기회가 없었습니다. 책임으로부터 자유로운 관계에서는 그저 좋은 모습을 보거나 잠시 떨어지면 괜찮았기 때문이었습니다. 온전한 내가 책임져야 할 아이가 태어나고 자라면서 깨닫게 되었습니다. 과거의 '내면 아이'가 지금 내 아이를 대하는 양육 방식에 고스란히 투영된다는 사실을 깨달았습니다.

이 책은 완벽한 아빠가 되기 위한 매뉴얼이 아닙니다. 오히려, 실수해도 괜찮다고 말해주는 버그 리포트이고, 다음엔 더 잘할 수 있도록 돕는 패치 노트입니다. 아이와의 갈등 속에서 나를 돌아보는 로그 기록이며, 여전히 업데이트 중인 '아빠 버전 2.0'의 성장 다이어리입니다. 우리는 종종 '좋은 아빠'라는 단어 앞에서 얼어붙습니다. 아빠라면 모든 것을 알고 있어야 할 것 같습니다. 언제나 침착하고 성숙해야만 할 것 같은 압박을 느끼기도 합니다. 아이의 요구사항에 민첩하게 응해줘야 할 것 같은 압박감도 느낍니다. 하지만 아이가 원하는 것은 완벽한 아빠가 아니라, 진심으로 함께해주는 아빠라는 것을 기억해야 합니다. "아빠도 잘 모르겠어, 같이 알아보자."라는 말 한마디가, 아이의 마음에 믿음이라는 큰 울타리를 만들어 줍니다. 아빠도 모를 수 있고, 실수할 수 있으며, 무엇보다 함께 성장해나갈 수 있는 존재라는 메시지를 주는 것입니다.

선택이론에서는 '모든 행동은 욕구 충족을 위한 선택'이라고 말합니다. 아이가 떼를 쓰고 고집을 부릴 때도, 결국은 '소속감', '자율성', '즐거움'이라는 욕구의 표현일 수 있습니다. 그리고 우리 역시 감정이 휘몰아치는 그 순간, 무언가 충족되지 않은 내면의 요구가 있었는지도 모릅니다. 중요한 것은, 그 감정을 무시하거나 억누르는 것이 아니라, 들여다보고, 이해하고, 다시 선택하는 것입니다. 그것이 우리가 실수하더라도 무너지지 않을 수 있는 이유입니다.

'정서적 방화벽', '공감 엔진', '성장 히스토리', '안전 프로토콜' 등, 이 책에 등장하는 개념들은 단순한 이론이 아닙니다. 실제로 아이를 키우며, 그리고 나 자신을 다시 키우며 마주한 수많은 시행착오에서 비롯된 이야기들입니다. 프로그래머로서의 언어로 정리되었지만, 그 안에는 한 사람의 아빠로서 노력과 성찰이 담겨 있습니다.

누군가의 말처럼, '문제는 문제로 인식될 때만 문제일 수 있다'라면, 우리는 지금 그 문제를 마주하고 있는 용기 있는 사람들입니다. 그리고 이 책은 그 여정에 함께하는 작은 가이드가 되기를 바랍니다. 아빠는 오늘도 업데이트 중입니다. 아이와 함께, 나 자신과 함께 어제와는 다른 더 좋은 선택을 응원합니다.

최태순

차례

추 천 사 / · 4
프롤로그 / 아빠라는 자리가 어렵게 느껴지는 아빠에게 · 12

1장
'나'라는 시스템부터 점검하기
---

1. 아빠도 업데이트가 필요하다 · 23
2. 버그투성이였던 나의 성장기 · 30
3. 아빠라는 역할에 로그인하기 · 35

2장
진단과 인식
: 내 안의 시스템 로그 열기
---

1. 디버깅 : 내 안의 상처 찾기 · 45
2. 대물림된 코드, 그 무의식의 루프 · 50
3. 의도 vs 결과 : 나도 몰랐던 부모의 흔적 · 56
4. 감정의 스택 트레이스 : 나의 반응은 어디서 왔는가? · 63
5. 내가 피해자인 동시에, 누군가의 가해자가 될 수 있다는 사실 · 69

3장

구조 설계
: 새로운 아빠 프로그램을 짜다

1. 좋은 아빠 아키텍처란 무엇인가? • 77
2. '버전 2.0' 아빠로 전환하기 위한 조건들 • 83
3. 부정확한 설계서 : 사회가 말하는 '이상적인 아빠'의 오류 • 89
4. 사랑과 안전, 핵심 로직의 우선순위 정하기 • 94

4장

모듈 최적화
: 감정과 관계를 재설정하는 기술

1. 감정처리기 : 분노를 로그로 남기기 • 105
2. 정서 캐시 클리어 : 쌓인 감정 털어내기 • 111
3. 공감 엔진 : 아이의 시점에서 디버깅하기 • 116
4. 회복 루틴 : 아빠의 리커버리 코드 • 121
5. 아내와의 커플 리팩토링 : 부부 동기화의 중요성 • 128

─── 5장 ───

일상 속 구현
: 실행 가능한 루틴 만들기

1. 루틴 설계 : 매일 실행되는 작은 습관 • 139
2. 시간 관리 : 멀티태스킹 대신 스케줄링 • 146
3. 아이와의 일대일 통신 채널 유지하기 • 152
4. 실행 실패 시 : 롤백과 리트라이 전략 • 157

─── 6장 ───

성장과 업데이트
: 아빠도 계속 배워야 한다

1. 업데이트 주기 : 아빠도 학습이 필요하다 • 167
2. 버전 히스토리 : 1.0에서 2.0까지의 변화 • 174
3. 외부 모듈 활용 : 독서, 멘토, 상담의 힘 • 180
4. 아이의 피드백 시스템 구축하기 • 188
5. '내가 모른다'는 말의 힘 : 유연한 아빠 되기 • 196

7장

보안과 안전
: 정서적 보안을 위한 규칙 만들기

1. 정서적 방화벽 : 나와 아이를 지키는 감정 규칙 • 207
2. 갈등 상황에 대응하는 안전 프로토콜 설정하기 • 216
3. 오류 보고서 : 실수했을 때의 대처법 • 225
4. 아이의 신뢰를 얻는 API 설계 • 232
5. 보호자 모드 vs 관리자 모드 : 통제 아닌 보호로 • 240

8장

나와의
화해

1. 원시 코드 : 부모를 이해한다는 것 • 253
2. 내 안의 '작은 나'를 품는 기술 • 259
3. 과거의 나에게 보내는 사과문 • 265

에필로그 / 미완성의 미학 - 완성된 프로그램은 없다 • 270

1장

'나'라는 시스템부터 점검하기

"아빠라는 시스템은 아이가 태어날 때부터
완성된 버전이 아닙니다.
자녀의 성장, 환경의 변화, 나 자신의 내면 성찰을 통해
끊임없이 업데이트되어야 합니다."

1. 아빠도 업데이트가 필요하다

나는 20년 넘게 컴퓨터 프로그래머로 일하고 있습니다. 새로운 기술을 익히고, 시스템을 최적화하고, 오래된 코드를 리팩토링하고, 오류를 개선하면서 지내고 있습니다. 프로그램이 느려지거나 에러가 반복되면 로그를 확인하고, 의심 가는 모듈을 분석한 뒤 패치를 적용합니다. 다르게 말하자면 문제를 확인하고 고치는 역할을 하고 있습니다. 그렇게 많은 시스템을 업데이트하면서 알게 된 한 가지 진리가 있습니다. 아무리 안정적인 시스템이라고 할지라도 시간이 지나면 반드시 업데이트가 필요하다는 것입니다.

그런데, 정작 내 삶에서 가장 중요한 시스템, 바로 '아빠'라는 역할에 대해서는 그렇게 업데이트를 하지 않았습니다. 그저

"내가 자라온 방식이니까", "아버지란 원래 이런 거지"라는 오래된 명령어를 실행하며 아빠라는 이름으로 아이를 키워왔습니다. 아이의 마음을 오해하거나, 배우자의 말에 방어적으로 반응하는 시간이 한참 지나고 나서야 뒤늦게 문제를 발견했습니다. "이건 왜 이렇게 작동하지?" 그리고는 일을 하던 마음과 같이 크게 깨닫는 것이 생겼습니다. 바로 아빠도 업데이트가 필요하다는 사실을 말입니다.

★ 우리가 가진 '기본 버전'은 완전하지 않다.

누구나 부모가 처음입니다. 그리고 그 '처음'은 대부분 자라온 환경에 영향을 받습니다. 나의 아버지는 감정을 말로 표현하는 사람이 아니었습니다. 침묵은 사랑의 다른 이름이었고, 꾸지람은 관심의 방식이었습니다. 그런 환경 속에서 자라며 '아버지'라는 직무의 기본 설정을 상속받았습니다. '울면 안 된다', '강해야 한다', '아빠는 집안을 경제적으로 책임져야 한다'. 마치 오래된 초창기 운영체제처럼, 이 설정들은 당시에는 나름대로 기능했지만, 지금의 환경에서는 오류를 일으키기 쉽습니다.

아이들은 더는 아버지를 '무섭지만 믿을 수 있는 존재'로만 보지 않습니다. 감정적으로 안전한 대화자이자, 놀이터의 친구이고, 감정 조절의 모델이기를 바랍니다. 이 새로운 사용자인 아이들의 경험을 만족시키기 위해선 기본 버전으로는 부족합니다. 예전처럼 '나 때는 말이야'라는 명령어를 실행하면, "그건 지금 작동하지 않는 기능이에요"라는 오류 메시지를 받을 수밖에 없습니다.

★ 감정이라는 '소프트웨어'를 업데이트하기

컴퓨터가 하드웨어만으로 작동하지 않듯, 인간도 감정이라는 복잡한 소프트웨어 위에서 살아가고 있습니다. 안타깝게도 요즘 대다수 아버지들은 감정에 대해선 사용법을 배운 적이 없습니다. 감정을 억누르는 것이 강함이라 배웠고, 혼란스러운 감정은 무시하거나 회피해야 할 버그로 인식해온 것이 일반적인 경우입니다. 아이는 아버지를 통해 감정을 배우고, 감정에 반응하는 법을 관찰합니다. 마치 복사기와 같습니다. 내가 화가 났을 때 어떻게 대처하는지를 보고 아이는 자신의 감정도 그렇게 다룹니다. 내가 불안을 억누르거나 무시하면 아이도 자신의 불안을 감추거나 왜곡하는 방법을 배울 뿐입니다. 그래서 감정을 업데이트하기로 했습니다. 화가 날 땐 한 박자 쉬고 "지금 아빠는 화가 나서 잠깐 생각할 시간이 필요해"라고 말합니다. 힘든 날엔 "아빠 오늘 좀 피곤해. 너랑 놀고 싶은데 잠깐만 쉬자"라고 솔직하게 표현합니다. 처음엔 어색했지만, 아이는 그런 내 모습을 보고 자신도 감정을 표현하는 법을 배우기 시작했습니다.

★ 자동 업데이트 대신 수동 업데이트

우리는 자동 업데이트에 익숙합니다. 스마트폰도, 운영체제도 밤사이 알아서 버전이 올라가 있는 경우가 많습니다. 안타깝게도 '아빠'라는 역할은 자동으로 최신화되지 않습니다. 매번 직접 확인하고, 의식적으로 갱신해야만 합니다. 그리고 그것은 생각보다 많은 노력을 요구합니다. 예를 들어, 나는 내 아이가 울 때마다 그치게 하려고만 했습니다. "울지 마, 괜찮아", "그 정도는 참아야지" 같은 말이 입에서 생각하지 않고, 반사적으로 튀어 나왔습니다. 그런데 어느 날 아내가 조용히 말했습니다. "울음을 그치게 하는 것보다, 왜 우는지 들어주는 게 더 중요해." 나는 아이의 감정에 반응하는 방식에 버그가 있었습니다. 그날 이후로 '울음을 멈추게 하기' 대신 '감정을 이해하려 하기'라는 패치를 적용했습니다. 그리고 그것이 아이와의 관계에 결정적인 변화를 만들 수 있었습니다.

★ 오류 메시지를 읽는 연습

프로그래머로 일하면서 가장 중요한 능력 중 하나는 오류 메시지를 잘 읽는 능력입니다. 오류가 발생했을 때 "왜 이런 일이 생겼지?"라고 표면적인 현상을 확인하는 것 보다, 어떤 상황에서 그 메시지가 떴는지, 로그에는 무엇이 남아 있는지 확인하며 원인을 추적합니다. 아이와의 관계에서도 마찬가지입니다. "왜 아이가 나를 피하지?", "왜 이렇게 말대꾸를 하지?"와 같은 '현상'에만 집중하면 문제를 해결하기 어렵습니다. 그 현상은 오류 메시지일 뿐이고, 그 안엔 더 깊은 원인이 숨어 있습니다. 혹시 최근 내가 너무 바빴던 건 아닐까? 아이의 관점에서 내가 감정적으로 안전한 존재였을까? 이처럼 오류 메시지를 단순한 실패로 받아들이지 않고, 업데이트가 필요한 신호로 읽을 때, 우리는 더 나은 '아빠'가 될 수 있습니다.

★ 새로운 기능을 개발하는 즐거움

프로그래밍의 묘미는, 기존에 없던 기능을 직접 만들어낼 수 있다는 데 있습니다. 아빠로서 삶도 마찬가지입니다. 아무도 해본 적 없는 방식으로 아이와 관계 맺고, 나만의 방식으로 가족을 이끌 수 있습니다. 예를 들어, 매주 '아빠-아이 1:1 데이'를 만들어 특별한 시간을 보내는 것, 아침마다 짧은 감사 일기를 나누는 것, 저녁마다 아이와 코딩 놀이를 하는 것 등은 기존의 '아빠' 개념에는 없던 새로운 기능입니다. 이런 기능은 시행착오 속에서 탄생하고, 때로는 실패하기도 합니다. 중요한 것은 실패라는 것은 업데이트의 또 다른 이름입니다. 아이와의 관계는 정적인 코드가 아니라, 계속해서 리팩토링되어야 할 살아 있는 시스템이기 때문입니다.

★ 백업과 복원, 그리고 회복 탄력성

가끔은 아빠로서 실수할 때도 있습니다. 큰소리치고 나서 후회하거나, 아이 마음을 읽지 못하고 상처를 주는 경우도 있습니다. 그런 날이면 나는 마음속 로그를 열어봅니다. 그리고 그 안에서 내가 왜 그런 반응을 했는지 분석해보는 시간을 갖습니다. 이 과정은 마치 시스템 백업에서 이전 버전을 복원하듯, 회복의 과정이라고 볼 수 있습니다. 중요한 것은 완벽한 아빠가 되는 게 아니라, 실수했을 때 인정하고 회복하는 능력입니다. 아이에게 진심으로 "미안해, 아빠가 잘못했어"라고 말할 수 있는 용기, 그 한 줄의 코드가 관계를 살리는 첫걸음입니다.

★ '아빠 2.0'을 향한 여정

아이와의 관계를 살리는 여정을 '아빠 2.0'이라 명명했습니다.

고정된 정답은 없지만, 개선은 가능합니다. 내 아이가 성장하듯, 아빠인 나도 함께 성장하는 것입니다. 그리고 그 성장은 단지 '좋은 아빠'가 되는 것이 아니라, 더 온전한 '사람'이 되어가는 길이기도 합니다. 업데이트란 늘 귀찮고 복잡한 작업입니다. 중간에 문제가 발생하는 경우도 있습니다. 그러나 번거로운 과정 없이는 시스템을 오래 유지할 수 없습니다. 업데이트가 없는 시스템은 느려지고, 멈추고, 결국은 고장 납니다. 그리고는 쓸모를 다하고 폐기되는 과정을 걷게 됩니다. 아빠도 마찬가지입니다. 주기적인 업데이트를 멈추는 순간, 관계는 정지되고 말 것입니다.

아빠라는 시스템은 아이가 태어날 때부터 완성된 버전이 아닙니다. 자녀의 성장, 환경의 변화, 나 자신의 내면 성찰을 통해 끊임없이 업데이트되어야 합니다. 과거의 코드에 머물지 않고, 오늘의 나를 점검하며, 내일 더 나은 나를 설계하는 일입니다. 이것이 내가 믿는 '아빠의 기술'이며, 나와 같은 아버지들이 함께 걸어가야 할 여정입니다. 우리 모두에게 필요한 것은 단 하나입니다.

"지금, 아빠 2.0으로 업데이트 하시겠습니까?"

2. 버그투성이였던 나의 성장기

어린 시절을 떠올릴 때면, 마치 디버깅도 되지 않고 방치된 프로그램을 들여다보는 기분이 듭니다. 외형상으로는 큰 문제 없어 보였지만, 내부에서는 알 수 없는 오류와 충돌이 자주 발생하곤 했습니다. 제 성장기는 그런 '버그'들로 가득한 시기였습니다. 그 당시엔 그게 버그인지조차 몰랐습니다. 단지 자꾸만 마음이 무겁고, 세상이 나를 향해 등을 돌리고 있다는 느낌만이 어렴풋이 자리 잡고 있었습니다.

저는 비교적 평범한 가정에서 자랐습니다. 부모님은 무척 성실한 분이었습니다. 집안은 경제적으로도 중간 이상은 되었던 것 같습니다. 하지만 정서적인 환경까지 그렇다고는 말할 수 없었습니다. 저의 부모님은 종종 다투셨고, 그 소리와 장면들은 마음속 깊이까지 들어왔습니다. 어린 저는 그런 갈등의 소리를 들으며 무언가 잘못되고 있다는 느낌만으로도 숨이 막혔습니다. 아버지의 호통치는 목소리, 어머니의 날카로운 반응, 그리고 이어지는 냉랭한 침묵 속에서 저는 언제나 작아졌습니다. 할 수 있는 것이 없었기에 더욱 무기력함을 느끼는 것이 일상이었습니다.

이런 가정 환경 속에서 자란 저는 '경제적인 지지'는 받았지만 '정서적인 지지'를 받아본 기억이 별로 없습니다. 잘했다고 칭찬을 받은 기억보다, 더 잘할 수 있었는데 왜 그랬냐는 질책이 먼저 떠오릅니다. 뭔가 힘들다고 말할 용기를 내기보다는, 혼자 참고 넘기는 법을 먼저 배웠습니다. 마음이 아프거나 힘들다는 말은 약한 사람의 변명 같았고, 그보다는 지금보다 더 열심히 하라는 말만이 반복됐습니다. 열심히 하는데도 성과가 나지 않는 것은 열심히 하지 않았다는 방증이라는 표현이 많았습니다. 그런 말들을 듣고 자란 저는 점점 자신의 감정을 표현하는 법을 잊어 갔고, 마음속 상처는 치유되지 않은 채 내면 깊숙이 쌓여만 갔습니다.

중고등학교 시절은 제게 또 다른 도전의 연속이었습니다. 학교라는 공간에서 친구들과의 관계는 살아가는 데 있어 중요한 부분이었지만, 저는 그 안에서도 늘 위축되어 있었습니다. 누구와도 잘 어울리는 성격은 아니었고, 그렇다고 완전히 고립되어 있지도 않았습니다. 가까운 친구 서너 명과만 지내는, 그야말로 좁고 깊은 관계였습니다. 겉으로는 아무 문제 없는 평범한 학생처럼 보였지만, 속으로는 늘 외롭고 불안했습니다. 친구들 사이에서 내가 정말 환영받고 있는지, 아니면 그저 어쩔 수 없이 어울리고 있는지 늘 고민했습니다.

그렇게 불확실하고 자신감 없는 태도는 인간관계 전반에 걸쳐 영향을 미쳤습니다. 누군가 내게 다가오면, 반갑기보다 어딘가 두렵고 불편했습니다. 혹시 내가 실수해서 그 관계가 무너질까 봐, 혹은 내가 마음을 주었다가 상처받을까 봐 늘 조심스러웠습니다. 마음을 열어 관계를 형성하기보다는, 일정 거리를 두고 안전한 거리를 유지하려 했습니다. 이는 나중에 성인이 되어서도 쉽게 바뀌지 않았습니다. 어릴 적 경험은 그렇게 오랜 시간 저를 지배했고, 사회생활에서도 진심을 드러내는 것이 쉽지 않았습니다.

어느 순간, 저는 이런 제 모습을 마치 고장 난 프로그램처럼 느끼기 시작했습니다. 무엇이 잘못되었는지도 모르고, 어디서부터 고쳐야 하는지도 몰랐습니다. 감정은 자주 충돌하고, 때론 갑작스러운 분노나 무기력이 찾아오기도 했습니다. 하지만 겉으로는 아무 일 없는 것처럼 웃어야 했고, 스스로에게 "이 정도는 아무것도 아니야"라고 말하며 또 참아야 했습니다. 그렇게 쌓인 감정은 종종 예상치 못한 순간에 터지곤 했습니다. 때로는 너무 사소한 일에 과도하게 예민해졌고, 때로는 깊은 무기력에 빠져 아무것도 하고 싶지 않은 날도 있었습니다.

그 모든 혼란의 중심에는 '내면 아이'가 있었습니다. 어린 시절의 저는 충분히 사랑받지 못했고, 있는 그대로의 나로서 받아들여지지 못했습니다. 그렇게 상처받은 아이는 여전히 제 안에서 울고 있었고, 아무도 그 아이를 보살피지 않았습니다. 어른이 된 제가 해야 할 일은, 그 아이를 다시 찾아가 안아주는 일이었습니다. "괜찮아, 너는 잘못한 게 없어. 그냥 그 자체로도 충분히 소중했어." 그렇게 제 안의 아이와 마주하는 시간이 시작되었습니다.

처음에는 쉽지 않았습니다. 상처를 들여다보는 일은 고통스러웠습니다. 특히나 오래된 감정을 다시 끄집어내는 일은 많은 용기가 필요했습니다. 하지만 제가 저 자신을 보듬기 시작하자, 조금씩 변화가 찾아오기 시작했습니다. 제 감정을 인정하고, 부족했던 과거의 경험을 탓하기보다는 이해하려는 자세를 갖게 되었습니다. 부모님도, 누나도, 그리고 저 자신도 각자의 방식으로 애쓰고 있었다는 사실을 받아들이기 시작했습니다.

물론 지금도 저는 완전히 치유된 사람이 아닙니다. 여전히 마음속에는 여러 가지 감정이 복잡하게 얽혀 있고, 때때로 버그처럼 튀어나오는 반응에 당황할 때도 있습니다. 하지만 이제는 그런 제 모습을 예전처럼 무조건 부정하거나 억누르지 않습니다. 오히려 '그럴 수 있다'며 받아들이고, 그 감정에 대해 스스로에게 설명해주는 연습을 하고 있습니다. 때로는 잘못된 줄 알고 사용했던 코드가, 사실은 그 상황에 최선이었던 로직이었음을 인정하기도 합니다.

이 글을 쓰는 지금도, 저는 제 과거를 다시 바라보고 있습니다. 그 시간들은 분명 힘들었지만, 지금의 저를 만들기 위해 반드시 거쳐야 했던 과정이었습니다. 이제는 그 시간을 부정하지 않고, 오히려 감사하게 생각하기 위해 노력합니다. 왜냐하면, 그 모든 경험이 더 단단해지게 했고, 다른 이의 아픔을 이해할 수 있는 사람이 되게 했다고 생각하기 때문입니다.

어린 시절의 저는 버그투성이였습니다. 하지만 그 버그들은 단지 실패나 결함이 아니라, 저만의 성장 기록이었습니다. 지금도 저는 계속해서 스스로를 업데이트하고 있습니다. 때로는 패치가 필요하고, 때로는 전면 리팩토링이 필요할지도 모르겠습니다. 하지만 분명한 것은, 이제는 저 자신을 버그로만 보지 않는다는 것입니다. 부족하지만, 여전히 성장하고 있는 '살아 있는 코드'로 저를 바라보고 있습니다.

그리고 언젠가, 제 아이에게는 더 안정적이고 지지적인 환경을 주고 싶습니다. 완벽할 수는 없겠지만, 적어도 "있는 그대로의 너를 사랑한다"라는 말은 아끼지 않고 전해주고 싶습니다. 그것이 제가 겪은 버그투성이의 성장기를, 새로운 가능성으로 전환하는 첫걸음이 될 것을 믿기 때문입니다.

3. 아빠라는 역할에 로그인하기

"아빠라는 시스템에 로그인하는 순간, 새로운 인생의 실행 파일이 열립니다."

연애할 땐 몰랐습니다. 많은 남자들이 그렇듯이, 연애할 때는 꽤 괜찮은 사람이었다고 믿었습니다. 여자 친구를 배려하기 위해 항상 노력했고, 이야기를 잘 듣고, 잘 웃었습니다. 때로는 다투기도 했지만 크게 문제가 될 일은 없었습니다. 지나간 어린 시절도 나쁘지 않았다고 생각했습니다. 그저 평범하게 컸고, 공부도 하고, 대학도 가고, 취업도 했습니다. 결혼을 하고서 아이가 태어났습니다. 갓난아기 때에는 세상의 모든 것을 다 주고 싶다는 마음이었습니다. 아이는 하루가 다르게 성장했습니다.

옹알이를 시작하고, 말을 하기 시작했습니다. 그리고 어느 순간 나와는 다른 이야기를 하는 모습을 보면서 저는 혼란에 빠졌습니다. 왜 이렇게 화가 나는지, 왜 이렇게 서툰지, 왜 아이에게 말 한마디를 건네는 게 이렇게 힘든지 모르는 상태가 되었습니다.

★ 로그인 전 : 내가 아빠인 줄은 알았지만, 실제로는 아니었습니다.

아이의 출생신고는 마쳤고, 주민등록등본에도 제 이름 옆에 '부'가 찍혀 있었습니다. 하지만 마음속에서는, 여전히 그 역할에 로그인하지 못한 상태였습니다. '아빠'라는 말은 들리지만, 그게 나라는 실감이 안 났던 것입니다. 이런 상태를 저는 마치 "아이의 출생은 '가정이라는 앱'이 설치된 것이지만, 아빠라는 계정은 아직 로그인되지 않은 상태"와 같다고 느꼈습니다. 아내는 출산과 동시에 로그인되었습니다. 몸도 마음도 아이 중심으로 전환되었습니다. 하지만 저는 여전히 구 계정, 혼자만의 삶에서 로그아웃하지 못한 채 아이와의 생활로 온전하게 진입하지 못하고 있었습니다. 결론적으로, 아빠가 로그인하지 않은 상태로 가정이라는 팀이 동기화되지 않았습니다. 육아 시계가 맞지 않는 가장 큰 이유는, 아빠가 아직 역할에 로그인하지 않왔기 때문입니다.

아빠로서의 준비에 대해 많은 남자들은 이렇게 생각하곤 합니다. '결혼하면 자연스럽게 아빠가 되겠지.', '시간이 지나면 익숙해지겠지.' 이런 생각은 마치 '폭포수 개발 방식'과 비슷합니다. 폭포수 개발 방식은 한 번 설계를 끝내면, 다음 단계로 넘어가고, 마치 물이 떨어진 후에 되돌릴 수 없는 것과 같은 개발 방법입니다. 예를 들면, 아래와 같이 네 단계를 거쳐서 만들어냅니다.

1. 뭘 만들지 정하고,
2. 설계도를 만들고,
3. 제작을 시작하고,
4. 제품을 내놓습니다.

그렇지만, 육아는 위와 같이 단순하게 정리되는 과정이 아닙니다. 처음부터 완벽한 설계도라는 것은 존재할 수 없습니다. 아이는 시도 때도 없이 상태가 변합니다. 아빠인 나의 감정도 매일 매일이 다릅니다. 그래서 처음부터 완벽한 아빠가 되겠다는 생각은, 이루어질 수 없는 허상에 가까울 것입니다.

그래서 요즘은 '애자일'이라는 개발 방식을 적용하는 것이 더 적합할 것입니다. 에자일 개발 방법의 핵심은 완벽한 계획보다, '조금씩 해보고, 점검하고, 고쳐 나가는 방식'이라고 할 수 있습니다.

예를 들면, 아래와 같습니다.

- 오늘 아이와 말다툼을 했다면,
- 왜 그렇게 말했는지 돌아보고,
- 다음에는 더 좋은 표현을 시도해보고,
- 아이의 반응을 보면서 또 고쳐가는 거죠.

육아는 실시간으로 반응하고, 조금씩 성장하는 과정을 반복하는 '지속적으로 개선하고 지속적으로 배포하는 개발'과 같은 모습을 갖습니다.

★ 문제의 원인을 찾는 방법 : 5-Why 기법을 이용해서 감정 뒤에 숨은 원인을 찾아가기

우리가 아이에게 화를 낼 때, 그 감정의 원인을 제대로 들여다보지 못하면 계속 같은 실수를 반복하게 됩니다. 여기서 '5-Why 분석법'이 도움이 됩니다. 이 방법은 문제 상황에서 숨어 있는 문제의 진짜 뿌리를 찾아가는 질문 기법입니다.

예를 들면, 아이에게 소리를 지른 상황이라는 것을 가정해봅니다.

    why 1 : 왜 아이에게 소리를 질렀을까?
    → 너무 시끄럽게 굴어서
    why 2 : 왜 그게 나를 화나게 했을까?
    → 피곤한 상태였기 때문에
    why 3 : 왜 그렇게 피곤했을까?
    → 어제 밤잠을 설쳤기 때문에
    why 4 : 왜 잠을 설쳤을까?
    → 아내와 갈등이 있었기 때문에
    why 5 : 왜 갈등이 생겼을까?
    → 육아 분담 문제로 서로 감정이 쌓였기 때문에

처음에 마주한 상황은 단순히 '아이 때문에 화가 났고, 소리를 질렀다'였습니다. 이 상황에 대해 천천히 다시 생각해본 감정의 뿌리는 사실 '내 안의 피로, 갈등, 감정 정리 안 됨'에서 왔다는 것을 알게 됩니다. 이해하고 나면, 다음에는 감정이 폭발하기 전에 스스로를 점검할 수 있는 여지가 생깁니다. 감정에 이름을 붙이는 것이고, 이름을 붙여주면 통제가 가능한 부분이 됩니다.

★ 아빠 역할 로그인은 이제부터 시작입니다

늦었다고 느낄 수 있습니다. 아이는 벌써 중학교에 가고 있고, 아내는 많이 지쳐 있을지도 모릅니다. 사춘기의 아이들은 질풍노도의 시기를 겪으면서 더 큰 갈등을 만들어내기도 합니다. 그렇지만, 지금부터가 진짜입니다. 지금이라도 마음을 정하고 로그인하면, 거기서부터 변화를 만들 수 있습니다. 아이들은 생각보다 아빠의 변화를 금방 알아차립니다.

- "아빠가 오늘은 내 얘기를 진심으로 들어줬어."
- "어제는 화내셨지만, 오늘은 안 그러셨어."
- "이야기 끝까지 들어주고, 안아줬어."

이야기를 들어주고, 어제와는 다른 긍정적인 모습을 보여주고, 아이를 안아주는 이런 작은 행동들 하나하나가 아이에겐 '엄청난 의미'로 남습니다.

선택이론에서는 이렇게 말합니다.

"내 삶을 바꾸는 것은 다른 사람이 아닌, 나의 선택이다."

오늘 아빠로 로그인하기로 '선택'했다면, 그건 이미 변화를 시작한 것입니다.

★ 집은 팀입니다. 육아는 협업입니다.

육아는 혼자 하는 일이 아닙니다. 한 명이 로그인을 안 하면, 시스템 전체가 느려집니다. 아내 혼자 모든 걸 처리한다면, 결국 감정적으로 과부하가 걸리고 결국은 번아웃이 오고 말 것입니다. 이것은 마치, '한 사람이 설계도 그리면서 건물 짓고, 인테리어까지 혼자 하는 것'과 비슷합니다. 아빠의 로그인은, 그런 부담을 함께 나누는 출발점입니다. 한 번 로그인했다고 끝이 아닙니다. 계속 접속하고, 변화하고, 업데이트가 필요합니다. 업데이트를 위한 방법들은 감정의 기록과 감사함이 그 근본이 될 것입니다.

아빠로 로그인을 한 후에 로그오프를 선택하지 않는다면, '매일매일 더 좋은 아빠로 버전 업'할 수 있습니다. 이것은 누구와의 경쟁도 아니고, 시험도 아닙니다. 단지 '어제보다 조금 더 아이를 이해하려는 아빠'가 되는 길의 시작입니다.

2장

진단과 인식
: 내 안의 시스템 로그 열기

"내면 아이의 상처를 마주하는 것은 두렵습니다.
그러나 그 상처를 인정할 때,
비로소 나도 온전한 어른이 되어가는
것이라고 생각합니다."

1. 디버깅
: 내 안의 상처 찾기

　결혼 전 5년간 연애를 하며 믿어 의심치 않았습니다. 이 사람과라면 평생 함께할 수 있겠다고. 말 한마디 없어도 마음이 통하고, 사소한 장난에도 웃음이 나왔습니다. 상대를 배려하는 것도, 다투고 나서 먼저 손 내미는 것도 어렵지 않았습니다. 그런데, 그랬던 우리가 결혼을 하고 아이를 낳자 상황은 180도 달라졌습니다.

　결혼은, 일상이었습니다. 연애 시절에는 전혀 문제 되지 않던 것들이 하나둘씩 불편해지는 것을 경험했습니다. 자고 일어난 머리 모양, 식탁에 남겨진 그릇 하나, 문을 여는 방식까지도. 무엇이 되었든지 사소한 오해가 충돌로 번지기도 했습니다. 심각한 수준의 충돌은 아니었지만, 사소한 충돌은 서로를 피곤하게 만드는 요인이 되기도 했습니다. 당연하게 여겼던 말투와 행동이 아내에게는 비난처럼 들렸고, 그녀의 반응은 나를 무시하는 것으로 느껴지기도 했습니다. 처음엔 당황했고, 곧이어 방어적인 태도를 보였습니다. 결국엔 서로를 공격하게 되었습니다. 결혼 생활은 둘이 함께 좋은 모습만 보이면서 살아가는 게 아니라, 서로의 과거 시간이 현재를 만들면서 살아가는 것입니다. 나의 원가족 문화, 아내의 원가족 문화가 고스란히 따라 들어왔습니다. 나는 '결자해지'라는 기준으로 판단했고, 아내는 '누구라도 할 수 있는 사람이 할 수 있다'는 원칙으로 움직였습니다. 서로의 다름을 이해하지 못했을 땐, 그 작은 틈이 갈등의 시작이 되기도 했습니다. 하지만 그 틈을 메우는 힘은 결국 대화와 공감이었습니다. 감정을 판단하지 않고, 그대로 말하는 연습을 시작했습니다. 처음에는 많이 낯설고 어려운 시도였습니다. "나는 이렇게 느껴."라는 '나 전달법'이 그 시작이었습니다.

그러던 중, 아이가 태어났습니다. 너무도 작고 따뜻한 존재가 품 안에 안긴 순간, 세상의 모든 사랑을 다 줄 수 있을 것 같았습니다. 새벽 수유에 함께했고, 기저귀를 갈았으며, 퇴근이 늦더라도 항상 목욕을 담당하는 것은 나였습니다. 나의 힘듦과 다르게 편안하게 잠든 아이의 얼굴을 바라보며 "나는 최고의 아빠가 될 거야"라고 다짐했습니다. 하지만 아이가 말을 하고, 자기 주장을 하기 시작하면서 상황은 달라졌습니다. "싫어!",

"왜?", "아빠가 뭘 몰라서 그래." 익숙하지 않은 말들이 날카로운 칼날과 같이 나의 마음 꽂혔습니다. 말로 설명하기 힘든 감정이 가슴 속에서 꿈틀거리는 것을 느꼈습니다. 분명히 사랑하는 아이인데, 나를 공격하는 존재처럼 느껴지는 상황이 많아졌습니다. 왜 이토록 불편할까? 그 감정을 따라가 보니, 거기엔 내 안의 '내면 아이'가 울고 있었습니다.

내면 아이(inner child). 어린 시절, 상처받고 외면당한 그 아이는 자라지 못한 채 내 안에 머물러 있었습니다. 감정 표현이 서툴고, 누군가로부터 무시당하면 분노가 치밀었고, 애정이 거절당하면 그 자리에 모멸감이 들어찼습니다. 어린 시절 아버지에게 듣고 싶었던 말, 하지만 끝내 들을 수 없었던 말들이 아직도 가슴 한쪽에 남아 있었고, 나는 그 기억 위에 살아가고 있었습니다. 아이가 자기 의견을 말하면, 내 안의 상처 입은 아이가 두려움에 휩싸였습니다. "넌 틀렸어.", "입 닫아."라는 말을 듣고 자란 나는, 아이의 말대답이 도전처럼 느껴지는 것이 일상이었습니다. 아이가 잘못한 게 아니었습니다. 문제는 내 안에 시한폭탄이 터질 준비를 하고 있었고, 나는 그걸 인식하지 못한 채 방치하고 있었던 것이었습니다.

한 번은 화를 참지 못하고 폭발한 적이 있습니다. 아이가 울었고, 아내는 나 대신 아이를 감쌌습니다. 그때 깨달았습니다. 겉으로 아무리 노력해도, 내 마음을 알아차리지 않으면 다시 원점으로 돌아간다는 것을, 말하지 않는 노력보다, 내 감정을 인식하는 '감정의 디버깅'이 먼저였습니다. 프로그래머로서 수천 번의 에러 로그를 보며 오류를 찾아냈듯, 나라는 존재 안의 오류도 그렇게 추적하고 기록해야 했습니다. 그제야 반복되는 패턴이 보였습니다. 부모로부터 받았던 통제, 억압, 무시. 그것이 감정 폭발의 원인이었습니다.

"나는 나쁜 아빠가 되지 않을 거야."라는 말은 오히려 '나쁜 아빠'라는 이미지를 강화시켰습니다. 마치 '코끼리를 생각하지 마세요'라는 말을 들으면 코끼리가 생각나는 것과 같은 이치였습니다. 대신 "나는 좋은 아빠가 될 거야."라고 선언했습니다. 뱃머리의 방향을 1도만 바꾸면, 완전히 다른 곳에 도착하는 것과 같이. 아빠로서의 나는, 그런 1도의 방향 전환이 필요한 시점이었습니다.

부부 사이의 대화는 여전히 중요했습니다. 우리는 여전히 다른 언어를 쓰고 있었습니다. 아내는 감정으로 접근했고, 나는 논리로 받아들이는 것이 일상이었습니다. 대화의 핵심은 감정이었습니다. 문제를 해결하려 들기보다, 먼저 "그랬구나"라고 공감하는 훈련을 했습니다. 비록 기계적인 공감이라고 할지라도 이것은 큰 도움이 되었습니다. 아이와도 마찬가지였습니다. 아이가 화를 내면 그 감정을 '지적'하기보다, '인정'하는 연습을 했습니다. "그래, 속상했겠다. 아빠도 그런 기분 느껴봤어." 그 짧은 말 한마디가 벽을 허무는 것의 시작이었습니다.

나는 지금도 완전한 아빠는 아닙니다. 감정 조절에 실패하기도 하고, 아이의 말에 상처받기도, 아이에게 상처를 주기도 합니다. 하지만 달라진 것이 있다면, 그런 감정을 알아차리고 인정하려는 '선택'을 하고 있다는 것입니다. 나의 감정도, 아이의 감정도 틀린 것이 아니기 때문입니다. 그 감정을 인식하고 어떤 반응을 선택하느냐의 문제일 뿐입니다.

결국, 아빠가 된다는 것은 하나의 프로젝트와 같습니다. 명확한 요구사항이 없고, 끊임없이 변하는 사용자(아이와 배우자)를 상대해야 하며, 디버깅은 반복됩니다. 하지만 중요한 것은 완벽한 코드가 아니라, 오류를 찾아내고 수정하려는 의지입니다. 그리고 그 과정 속에서 나도 성장하고, 내 가족도 함께 자라게 됩니다.

내면 아이의 상처를 마주하는 것은 두렵습니다. 그러나 그 상처를 인정할 때, 비로소 나도 온전한 어른이 되어가는 것이라고 생각합니다. 아빠로서 내가 해야 할 일은, 내 안의 아이를 치유하는 것이고, 아이의 마음을 있는 그대로 받아들이는 것입니다. 그리고 사랑을 한번에 '많이' 주는 것이 아니라 '지속적으로' 주는 것입니다.

나는 오늘도 선택합니다. 더 좋은 아빠가 되기 위한 새로운 길을. 내 아이와 아내를 위한 작은 '감정의 디버깅'을 선택합니다.

2. 대물림된 코드,
그 무의식의 루프

어느 날 아이가 장난감을 던졌습니다. 말로 해도 안 되니, 큰 소리가 먼저 나왔습니다. "아빠가 그렇게 하지 말라고 했지? 그만 좀 해!" 그 순간이었습니다. 방금 내뱉은 내 목소리에서 아주 익숙한 감정이 따라 나왔습니다. 낮고 무거운 그 감정. 어릴 적 큰 잘못을 한 것은 아니었지만 나의 아버지가 버럭 화를 낼 때 느꼈던 공포. 그 감정이 지금 내 입을 통해, 내 아이에게로 흘러간 것입니다.

"내가 왜 이러지…? 나는 절대 닮고 싶지 않다고 했는데…"

그 순간, 저는 마치 반복문에서 종료 조건이 없는 무한 루프에 빠진 것 같은 기분을 느꼈습니다. 이 반복문은 내가 만든 코드도 아니고, 내가 원한 흐름도 아닌데, 계속 반복되는 감정의 패턴, 행동의 패턴들이었습니다. 이것은 바로 무의식에 박혀 있는 대물림된 코드였습니다.

> ★ **무의식의 루프,**
> **그것은 나도 모르게 실행되는 프로그램**
> ● ● ● ● ● ● ● ● ● ● ● ● ● ● ●

아이들은 부모에게 배운 언어, 표정, 반응을 하나하나 배우지도 않았는데 몸으로 익힙니다. 마치 사진을 찍듯, 동영상을 찍듯 복사합니다. 그리고 이것은 마치 내 부모님의 감정반응 패턴이 어린 시절 나의 운영체제에 자동으로 깔린 것과 같습니다. 그리고 시간이 흘러, 내가 아이의 아빠가 되자 그 코드가 다시 실행되기 시작합니다. 버그도, 오류도, 그대로 실행되는 모습을 보게 되었습니다. 심리학자 존 브래드쇼는 이를 '가정이라는 시스템에서 학습된 감정적 유산'이라고 표현했습니다. 어릴 때의 나는 그 시스템을 바꿀 수 없었기에, 살아남기 위해 적응해야만 했습니다. 그렇지 않다면 더 많은 문제를 안고 지낼 수밖에 없기 때문입니다. 그리고 이제는, 내가 그 시스템의 운영자입니다. 그런데도, 왜 나는 이 루프에서 쉽게 빠져나오지 못하는 것일까요?

★ 자괴감 : 감정을 감지하는 신호 시스템

그 이유는 우리가 이미 무의식적으로 학습된 자동 반응에 너무 익숙해져 있기 때문입니다. 그 자동화된 감정 반응은, 특히 스트레스 상황에서 너무도 빠르고 강력하게 작동합니다. 이성적인 판단과 행동은 높은 수준의 두뇌 활동을 필요로 합니다. 만약 맹수를 마주했을 때, '저 동물은 무섭고 나를 해칠 수 있는 동물이니까, 도망가야겠다. 이제 달릴 준비를 하고 나는 달려서 도망칠 거야.'라고 생각을 하고 행동을 하게 되면, 매우 높은 확률도 죽게 될 것입니다. 위험하다고 감지되는 상황에서는 대뇌의 활동이 아니라 본능이라는 이름으로 생각하지 않고 행동을 하게 됩니다. 그래야만 살아남을 수 있는 확률이 커지기 때문입니다.

아이의 울음, 고집, 감정표출은 내 안의 오래된 감정을 자극합니다. 그 감정의 주인은 바로 내면 아이입니다. 그 내면 아이는 외롭고 무서웠고, 보호받지 못했습니다. 그래서 이제 그 상처받은 내면 아이가 "이번엔 내가 소리 질러서라도 살아남아야 해!"하고 나서게 되는 것입니다.

그 결과는 어떻게 될까요? 나의 사랑스럽고 소중한 아이가 다시 나와 똑같은 무서운 감정을 경험하게 됩니다. 그리고는 아빠인 나에게는 말할 수 없는 자괴감이 따라옵니다. 하지만 이

자괴감은 중요한 신호입니다. 내가 그 루프를 인식하고 있다는 것, 그리고 그 고리를 끊고 싶다는 의지가 있다는 것을 보여주는 방증입니다.

★ 루프에서 빠져나오는 현실적인 방법들

"도대체 이 끝없는 감정의 루프에서 어떻게 벗어날 수 있을까?"

완벽한 해법은 없습니다. 그렇지만 시도해보았고, 도움이 되는 방법이 몇 가지가 있습니다.

첫 번째로 '감정에 이름 붙이기'입니다. 감정은 정체를 모를 때 더 무섭습니다. 하지만 이름을 붙이는 순간, 감정은 통제 가능한 정보가 됩니다.

"지금 나는 화가 나고, 무시당한 느낌이 들어."

"속상해. 내가 아빠로서 실패한 기분이야."

이렇게 말로 표현하는 것만으로도 격앙되거나 불안한 감정은 30% 정도 가라앉는다고 합니다. 이것은 심리학자 대니얼 시겔의 'Name it to tame it' 이론에 기반합니다. 이 과정은 내면 아이의 감정을 인식하는 첫 걸음이기도 합니다. 이 첫걸음을 통하여 감정에 끌려가는 것이 아니라 한 걸음 떨어져서 바라볼 수 있는 여지를 만들 수 있다는 것이 중요한 부분입니다. 감정을 인식한다고 모든 것이 변하는 것은 아니지만, 감정의 인식과 조절을 위한 첫걸음으로 매우 효과적인 것이라고 할 수 있습니다.

두 번째로 가정의 양대 산맥인 '아내와의 대화로 감정 정리하기'입니다. 혼자 감정을 처리하려 하면, 감정은 내 안에서 굴절되고 왜곡되기 쉽습니다. 하지만 신뢰하는 사람에게 말로 풀어낼 때, 감정은 외부로 나가고 형태를 갖추게 됩니다. 그리고 통제가 가능한 영역으로 들어옵니다. 아내와 대화를 통해 "내가 어릴 때 느꼈던 무력감이 지금 아이 앞에서 다시 튀어나오는 것 같아"라고 말하며 감정의 실체를 자각했습니다. 그 순간, 감정의 회로에서 한 걸음 떨어질 수 있었습니다.

마지막으로 감정 폭발 전, '자리 피하기' 방법이 있습니다. 한 번은 아이가 계속 떼를 쓰는데, 정말 크게 소리치고 싶은 충동이 목구멍까지 차올라왔습니다. 그때 이렇게 말했습니다. "지금 아빠가 화가 너무 많이 나서, 잠깐 혼자 정리하고 올게. 미안해." 그리고 화장실로 들어가 물을 틀어 놓고, 속으로 숫자를 세며 감정을 식혔습니다. 이 방법은 '일시 중지(Pause)'라는 기술입니다. 화는 피할 수 없는 감정이지만, 그 감정을 행동으로 옮기느냐 마느냐는 '선택'의 영역입니다. 사람이 이성적인 선택을 하려면 본능과 이성 사이의 '틈'을 만들어야 합니다. 이 작은 '틈'이 바로 루프를 끊는 열쇠입니다. 감정적 반응은 온전히 선택의 몫이라고 하기에는 어려운 부분이 분명히 있습니다. 각자의 성장 과정은 모두가 다르기 때문입니다. 특히 스트레스 상황이나 반복된 학습 패턴 속에서는 선택을 하기 이전에 조건화된 반응이 먼저 작동합니다. 마치 뜨거운 것이 손에 닿았을 때, 생각하고 떼는 것이 아니라 알아서 손을 떼는 무조건 반사와도 비슷한 것이라고 할 수 있습니다. 무조건 반사와 같은 무의식적인 감정이 자동으로 올라오더라도, 그 감정을 어떻게 표현할 것인지는 선택이 가능하다는 것입니다.

★ '내 잘못이 아니지만, 내 책임이다.'

어린 시절 의도하지 않게 받은 상처, 그건 선택한 것도, 원한 것도 아닙니다. 그렇지만, 아이에게 대물림되지 않도록 막는 건 이제 아빠인 나의 책임입니다. 그 책임은 잘못이 아니라, 사랑의 의지에서 나옵니다. 나를 정직하게 마주하고, 그 루프에서 빠져나올 수 있도록 연습하고, 내 아이 앞에서 다른 코드, 사랑과 안전이라는 새로운 감정 반응을 써 내려가는 것, 이것이 아빠 2.0의 첫걸음입니다.

3. 의도 vs 결과
: 나도 몰랐던 부모의 흔적

"아니, 그런데 그게 아니었어, 아빠는 그냥… 너 잘되길 바란 거였어."

어느 날 저녁, 아이가 스마트폰 사용을 적당히 하라는 제 말에 잔뜩 억울한 표정으로 말했을 때, 저도 모르게 그런 말을 꺼냈습니다. 말은 의도를 설명하고자 한 것이었지만, 이미 아이는 더 이상 아빠의 이야기를 듣고 싶지 않다는 것처럼 마음을 닫은 상태였습니다. 저는 분명 아이를 돕고 싶었고, 더 좋은 선택을 하게 해주고 싶었습니다. 그런데 돌아온 결과는, 아이의 억울함 가득한 표정과 거리감이었습니다. 그저 도움을 주고 싶었던 마음이었는데, 아이는 훈계로 받아들였을까요? 분명 진심이었는데, 그 진심은 어디론가 사라지고 아이에게는 상처만 남았습니다.

  이 상황은 마치 프로그램에서 변수에 들어가는 값을 다르게 해석해서 예상치 못한 에러를 만나는 것과도 비슷합니다. '의도'는 분명 선했지만, '결과'는 그렇지 않을 수 있습니다. 이 차이의 정체를 파악하고 이해하지 못하면, 우리는 계속해서 같은 실수를 반복하게 됩니다.

  컴퓨터 프로그래머로서, 저는 종종 오래된 코드 속 주석(comment)을 보고 웃을 일이 있곤 합니다. 아주 오래전에 있었던 개발자가 왜 그렇게 짰는지도 모르겠고, 고치려 해도 어디서부터 손을 대야 할지 모르겠는 경우가 종종 있습니다. 이렇게 고치기도 어렵고 이해가 안 되는 코드가, 마음 안에도 있었습니다. 그것도 아주 깊은 곳에 자리 잡고 있었습니다.

  제가 자란 환경은 겉으로 보기엔 평범했지만, 정서적으로는 매우 위계적인 분위기였습니다. "부모 말에 토 달지 마라", "어른이 하는 말은 다 이유가 있다"라는 식의 말들이 자연스러웠습니다. 사랑이 없었던 건 아니었지만, 표현 방식은 무척 제한적이었습니다. 부모님은 늘 제가 잘되길 바라셨지만, 그 방법은 '훈계'와 '통제'였습니다. 이런 양육 방식을 저는 무의식중에 흡수했고, 그것이 '부모 코드'로 제 안에 자리 잡았습니다. 그리고 그 코드가, 아이를 키우는 제 프로그램에 그대로 적용되고 있었습니다.

★ 선택이론의 관점에서 본 '의도 vs 결과'

선택이론(Choice Theory)의 창시자 윌리엄 글래서 박사는 이렇게 말했습니다.

> "우리는 타인의 행동을 바꿀 수 없다. 오직 자신의 행동만 바꿀 수 있다."

아이를 향한 아빠의 의도는 "도와주고 싶다, 올바르게 이끌어주고 싶다"라는 전제는 '외부 통제 심리(External Control Psychology)'에 기반해 있습니다. 내가 아이를 바꿀 수 있다는 전제가 깔려 있었던 것입니다. 그렇지만, 그 통제의 결과는 "아빠는 나를 이해하지 못한다"라고 느끼고, 아빠가 보낸 메시지의 의도를 '압박'으로 받아들였습니다. 선택이론의 내용을 살펴보면, 부모가 아이에게 영향력을 미치려면, 아이의 내적 동기를 자극해야 한다고 말합니다. 즉, '강요'가 아닌 '관계'를 통해서만 변화가 가능하다는 것입니다. 저는 이 원리를 뒤늦게나마 깨닫고, 한 줄씩 제 부모 코드의 주석을 수정해 나가기 시작했습니다.

★ 상처를 덮지 않고, 마주 보다

"성장은 상처 위에 피는 꽃이다."

부모로부터 받은 상처는 결코 간단한 것이 아닙니다. 어릴 적, 말로 표현하지 못하고 마음속에 숨겨둔 감정들이 자라나 무의식의 형태로 내 행동에 영향을 미칩니다. 특히나 "사랑한다"라는 말 대신 "공부 좀 해라", "왜 그것밖에 못하니?" 같은 표현으로 대체되었던 경험은, 나도 모르게 '가치 = 성과'라는 공식을 내면에 새겨놓았습니다. 그래서 저는 아이가 뭔가 부족해 보일 때마다 조바심이 났고, 그 조바심은 '지적'이라는 형태로 드러났습니다. 책을 읽고 자기 계발의 과정을 통해서 이제 조금은 깨달았습니다. 그건 '아빠로서의 나'가 아니라, '상처받은 어린 시절의 나'가 반응한 결과였다는 것입니다. 이 깨달음은 제게 선택의 여지를 주었습니다. 과거의 상처를 아이에게 되풀이하지 않겠다는 '의식적인 선택' 말입니다.

★ 진심을 재설계하기

그렇다면 어떻게 해야 아이에게 진심이 전달될 수 있을까요? 먼저, '표현 방식'을 바꿔야 했습니다. 같은 의도라도, 말투와 상황, 그리고 태도가 달라지면 결과도 달라지기 때문입니다.

실제로 의사소통에서 말이 전달하는 것은 고작 22%밖에 안 된다고 합니다. 태도와 억양 등 비언어적인 요소가 훨씬 더 큰 비중을 차지합니다.

예를 들어 아이가 숙제를 미뤘을 때, 예전의 나는 이렇게 말했습니다.
▶ "이래서야 어떻게 해? 넌 도대체 왜 이렇게 꾸물대?"
하지만 이제는 이렇게 말하려고 노력합니다.
▶ "오늘 좀 피곤했나 보다. 네 계획이 어떻게 되어 있어? 도와줄 수 있는 것이 있을까?"

의도는 같습니다. 아이의 생활 습관을 도와주고 싶은 마음. 하지만 말의 톤과 접근 방식이 달라졌기에, 아이의 반응도 다릅니다. 아이는 방어적인 자세로 아빠의 말을 받아치거나 흘려보내지 않고, 자신의 상태를 설명하고 협조하려는 모습을 보이기 시작했습니다. 작은 변화였지만, 그 변화가 아이와의 관계를 조금씩 바꾸어 놓고 있습니다.

★ 버그는 기회다 : 의도와 결과의 차이를 인식하는 힘

프로그램에서 버그가 발생하면, 프로그래머는 먼저 '어디서 잘못되었는지'를 찾아야 합니다. 그리고 그 버그는 종종 더 나은 구조를 고민하게 만드는 기회가 되기도 합니다. 아이와의 관계도 마찬가지입니다. 내가 진심으로 했던 말이 상처로 돌아왔을 때, 그건 내가 실패한 것이 아니라 더 좋은 선생님이 나타났다고 보면 됩니다. 즉, 새로운 것을 학습할 기회입니다. 여기서 중요한 것은, 결과를 직시하는 용기입니다. 결과를 회피하거나 "너는 왜 그렇게 받아들여?"라고 말하면, 배움의 기회를 놓치게 됩니다. 오히려 "내 말이 그렇게 들렸구나"라고 말할 수 있을 때, 아이와의 관계는 다음 단계로 나아갈 수 있습니다.

> "당신이 받은 상처는, 당신 잘못이 아니다. 그러나 그 상처를 치유하고 책임지는 것은, 오직 당신의 몫이다."
> — Healing is Your Responsibility

이 말은 아빠인 나에게 커다란 책임감을 주면서도, 위로가 되는 말이었습니다. 나는 가해자가 아니지만, 그렇다고 수동적인 피해자로 머물지도 않겠다는 다짐이 생겼습니다. 나는 선택할 수 있고, 업데이트할 수 있는 존재라는 확신이 생겼습니다.

아빠가 아이에게 말하는 의도는 항상 선했습니다. 하지만 결과가 상처였다면, 그것은 '의도'가 나쁘거나 부족해서가 아니라 '표현'과 '기억된 경험'이 왜곡되었기 때문일지도 모릅니다. 부모로서 우리는 매일같이 그 차이를 좁혀가는 일을 합니다. 그건 마치 프로그램의 코드를 계속 다듬고 최적화해 나가는 과정처럼 끝이 없습니다. 하지만 분명한 건, 그 여정을 함께 걸으며 아이는 느낄 것입니다.

"아, 우리 아빠는 나를 위해 계속 배우고 있구나."

그 하나만으로도, 이미 아빠는 멋진 업데이트 중입니다.

4. 감정의 스택 트레이스
: 나의 반응은 어디서 왔는가?

개발자라면 에러 메시지를 마주했을 때, 그 뒤에 어떤 함수가 호출되었고 어떤 입력값이 전달되었는지, 어떤 로직이 실행되었는지를 추적해보는 과정이 있습니다. 개발자는 이런 작업을 '스택 트레이스(Stack Trace)'라고 부릅니다. 프로그램이 멈춘 지점을 찾아내기 위해 코드를 거슬러 올라가며 문제의 원인을 추적해내는 과정을 말합니다. 이 개념은 단지 프로그램의 디버깅 과정에서만 필요한 것이 아닙니다. 아빠가 된 지금, 마음속에서 터져 나오는 감정적인 반응들, 아이 앞에서 이유 없이 예민해지는 순간들을 바라볼 때도 이 '스택 트레이스'의 과정이 절실히 필요하다는 생각이 들었습니다. '왜 내가 이렇게 반응했을까?'라는 질문은 단순한 후회나 자책이 아니라, 나의 마음을 이해하고 성장시키는 출발점이 되어줍니다.

자기 인식(Self-Awareness)은 이 스택 트레이스의 첫 관문입니다. 내가 지금 무슨 감정을 느끼고 있는지, 그 감정이 어떤 생각에서 비롯되었는지, 그리고 그 생각이 과거의 어떤 경험과 연결되어 있는지를 들여다보는 노력을 말합니다. 이것이 있어야 우리는 지금의 감정이 '현재' 때문인지, 아니면 '과거'에서 올라온 것인지 구분할 수 있습니다. 예를 들어 보겠습니다. 아이가 밥을 흘리며 먹고 있는데, 어느새 목소리가 높아집니다. "도대체 몇 번을 말해야 알아듣니?" 그렇게 말하고 나면 곧장 미안함이 밀려옵니다. 아이는 단지 조심성이 부족했던 것뿐인데, "무슨 이유로 격하게 반응했던 것일까?" 이 질문을 던지는 순간, 감정의 스택 트레이스를 시작하게 됩니다.

첫 번째 프레임에는 '짜증'이라는 감정이 있습니다. 두 번째 프레임에는 '말귀를 못 알아듣는 것에 대한 답답함'이 있고, 그 다음 프레임에는 '아이에게 무시당했다는 느낌'이 있으며, 그 아래에는 '어릴 때 늘 지적당했던 기억'이 숨어 있습니다. 부모님께서도 저에게 그렇게 말씀하셨지요. "넌 왜 그렇게 한 번에 못 알아듣니?", "그러니까 네가 문제라는 거야." 저는 그런 말들에 반응하며 자랐고, 그러한 반응은 무의식의 코드 속에 저장되었습니다. 이제 아빠가 된 저는, 어린 시절에 들었던 이야기에서 유래한 아주 오래된 코드로 아이를 대하고 있었던 것입니다.

　이 지점에서 중요한 것은 '감정적 성숙(Emotional Maturity)'입니다. 감정적 성숙이란 감정을 억누르거나 참는 것이 아니라, 그 감정을 인정하고, 그것이 어디에서 왔는지를 탐색하며, 그것을 외부로 안전하게 처리할 수 있는 능력을 말합니다. 마치 오류 메시지를 보고 당황하거나 도망치는 것이 아니라, 로그를 따라 문제의 원인을 분석해내듯, 저의 반응도 분석해보는 것입니다. 그리고 이 분석의 끝에서 우리는 선택할 수 있습니다. 과거의 코드를 그대로 반복할 것인지, 아니면 새로운 로직을 설계할 것인지 말입니다.

　선택이론의 창시자인 윌리엄 글래서 박사는 인간의 모든 행동은 선택이라는 점을 강조합니다. 특히 그는 "과거는 바꿀 수 없지만, 지금의 선택은 바꿀 수 있다"라고 말합니다. 감정 또한 마찬가지입니다. 감정 자체는 우리가 선택할 수 없지만, 그 감정을 어떤 방식으로 처리하고 표현할지는 우리의 선택에 달려 있습니다. 예를 들어, 아이가 실수했을 때 과거의 습관대로 반응할 수도 있고, 잠시 멈추고 제 안의 감정을 인식한 뒤, 좀 더 성숙한 방식으로 반응할 수도 있습니다. 선택이론은 '통제'가 아닌 '책임'의 관점에서 이 문제를 바라봅니다. 제 감정에 대해 책임지는 태도, 그것이 아빠라는 역할을 성숙하게 만들어 주는 열쇠라고 생각합니다.

자기 인식을 위한 구체적인 방법은 의외로 간단합니다. 예를 들면, '감정 명명'을 통해 지금 제가 느끼는 감정을 이름 붙이는 것입니다. "나는 지금 짜증이 납니다." 또는 "나는 지금 무시당한 기분이에요."라고 말로 표현해보는 연습입니다. 이렇게 말할 때 우리는 감정과 자신을 분리할 수 있게 됩니다. 저는 짜증 내는 사람이 아니라, 지금 짜증을 느끼는 사람입니다. 이 차이는 큽니다. 감정을 '내 것'으로 인식하게 되면, 그것을 관리할 수 있는 주체성과 통제력이 함께 따라오기 때문입니다.

　또 다른 방법은 '감정 일기'를 쓰는 것입니다. 하루에 단 몇 줄만이라도, 오늘 나의 마음을 흔들었던 감정과 그 상황을 기록해보면, 반복되는 패턴이 보이기 시작합니다. 마치 로그 파일을 분석하듯이 말입니다. "왜 저는 아침마다 아이를 재촉할 때마다 분노가 올라올까요?", "왜 아이가 제 말을 무시한다고 느껴질 때 슬퍼질까요?" 이런 질문들은 내가 어떤 상처를 가지고 있고, 그것이 현재의 반응에 어떻게 연결되어 나타나는지를 파악하는 데 도움이 됩니다. 이러한 내면의 작업을 하다 보면, 우리는 내면의 '작은 아이'를 만나게 됩니다. 그 아이는 아직도 누군가의 인정을 갈구하고, 실수할까 봐 두려워하며, 소리 지르는 어른 앞에서 움츠러듭니다. 감정적 반응의 가장 깊은 지점에는, 이 '작은 아이'가 있습니다. 그리고 우리는 아빠로서, 이 작은 나와 함께 아이를 대해야 합니다. 이중의 부모가 되어야 하는 것이지요. 즉, 제 아이의 아빠이자, 제 안의 어린 저의 아빠. 그렇게 할 때 우리는 과거로부터 자유로워질 수 있습니다.

물론 이런 작업은 단번에 이루어지지 않습니다. 감정의 스택 트레이스는 복잡하고 얽혀 있습니다. 어떤 감정은 최근의 스트레스와 연결되어 있고, 어떤 감정은 수십 년 전의 기억과 연결되어 있기도 합니다. 하지만 중요한 것은 포기하지 않고 멈추지 않는 것입니다. 단 한 줄씩이라도 로그를 읽고, 하나씩이라도 함수의 흐름을 따라가 보는 것입니다. 그렇게 하다 보면 어느 순간, 예전에는 걷잡을 수 없이 화를 냈던 상황에서도 멈출 수 있는 힘이 생깁니다. 그리고 그 멈춤은 아이에게도 큰 변화를 줍니다.

'아, 우리 아빠는 화가 나도 감정을 다스릴 수 있는 분이구나.'

아이는 그렇게 아이는 아빠를 통해 본인의 감정을 다루는 방법을 배웁니다. 아이는 엄마와 아빠를 보고 배웁니다. 우리가 감정을 인식하고, 정직하게 표현하며, 그것을 조절하는 모습을 보이면, 아이도 똑같은 능력을 키우게 됩니다. 결국, 아빠의 자기 인식과 감정적 성숙은 아이에게 정서적 안전과 배움의 환경을 만들어 주는 것과 같습니다. 반대로, 제가 과거의 감정 코드에 묶여 자동적으로 반응한다면, 아이 역시 같은 코드로 성장하게 될 가능성이 높습니다. 감정의 스택 트레이스를 따라가는 작업은 단지 나 하나의 문제가 아닙니다. 이 과정은 우리 가정의 코드 구조를 바꾸는 일입니다. 그래서 오늘도 나의 반응을 점검해봅니다. 나의 감정의 흐름을 따라가며, 그 출처를 살펴보고, 선택지를 다시 설계해봅니다. '제가 왜 이 반응을 했는가?'라는 질문은 단지 후회하거나 자책을 하기 위함이 아닙니다. 그것은 아빠라는 시스템을 더 나은 방향으로 업데이트하기 위한 과정입니다. 그리고 이 업데이트는 아이에게 더 건강하고 믿을 수 있는 아빠를 제공하는 가장 실질적인 선물이라고 생각합니다.

감정은 프로그램의 에러가 아닙니다. 다만 우리가 그 에러를 어떻게 처리하느냐에 따라, 시스템 전체의 안정성이 달라집니다. 아이에게 안전한 아빠가 되기 위해, 오늘도 감정의 로그를 남기고, 그 경로를 따라 과거와 현재를 연결해봅니다. 이 연결의 과정 끝에서 더 나은 반응을 선택할 수 있습니다. 그리고 그 선택은, 아이에게도 새로운 가능성의 문을 열어줄 것입니다.

5. 내가 피해자인 동시에, 누군가의 가해자가 될 수 있다는 사실

우리는 흔히 상처를 이야기할 때, 자신이 겪은 고통과 상황에 초점을 맞춥니다. 나도 그랬습니다. 어린 시절의 나는 감정적으로 그다지 안전하지 못한 환경에서 자랐습니다. 인정받고 싶었지만, 비난이 먼저였고, 기대에 부응하려 애썼지만 "넌 왜 그 모양이니"라는 말이 나를 더 작게 만들었습니다. 그때 받은 상처들은 마치 내 안에 깊이 박혀 있는 함수처럼, 시간이 지나도 마음속 코드에서 사라지지 않았습니다. 그런데 아이러니하게도, 내가 그 상처의 함수를 고치거나 읽지 않고 방치한 채로 살아오다 보니, 이제는 그 함수가 누군가에게 새롭게 각인되고 있다는 것을 깨달았습니다. 바로 제 아이에게 말입니다.

★ "선택이론"으로 다시 읽는 상처의 대물림

선택이론(Choice Theory)은 우리가 느끼는 모든 감정과 행동은 '선택'이라는 관점에서 해석됩니다. 물론, 과거의 상처는 우리가 선택한 것이 아닙니다. 그러나 그 상처에 반응하는 방식은 지금의 나, 곧 '아빠인 나'가 선택하는 것입니다. 과거의 나는 피해자였지만, 현재의 나는 '반응을 선택하는 주체'입니다. 그 반응을 통해서 내가 받았던 상처를 그대로 대물림할 수 있는 가해자의 위치에 설 수도 있는 것입니다. 그래서 무의식적으로 과거의 상처에 반응해 아이를 꾸짖거나 냉정한 말투를 쓸 때, 나는 또 다른 누군가의 상처를 새기고 있는지도 모릅니다. 내가 과거에 받았던 말, 예를 들어, "그것도 모르냐?", "네가 뭘 해?" 같은 말들은 지금 내 입에서 "왜 그렇게 느려?", "몇 번을 말해도 못 알아들어?"와 같은 말로 변형되어 나오곤 했습니다. 말의 형태는 조금 다르지만, 감정의 질감은 그대로였습니다. 이것이 바로 정서적 상속, 감정의 대물림입니다.

★ '디버깅'이 필요한 순간
: 문제는 내 아이가 아니라 나의 반응 패턴

아이의 행동에 짜증이 밀려올 때, 예전에는 아이를 통제하려는 방향으로 반응했습니다. "그렇게 하면 안 돼", "하지 마"라는 말이 먼저 나왔죠. 그런데 어느 순간 문득 깨달았습니다. '지금 내가 왜 이렇게 화가 났을까?'라는 질문을 던졌더니, 아이가 만든 상황보다는 내 안의 오래된 트리거가 반응하고 있다는 걸 깨닫게 되었습니다. 예를 들어, 아이가 실수했을 때 내가 과도하게 불안해지는 건, 예전의 나도 실수 하나에 크게 혼났던 기억 때문이었습니다. 이건 단순한 실수에 대한 화가 아니라, '실수를 용납하지 않던 과거의 기준'이 지금도 나를 조종하고 있었던 것이었습니다. 이 과정을 선택이론의 시각으로 보면, 나는 '지금 이 순간'에도 나의 감정과 반응을 선택할 수 있는 사람입니다. 중요한 것은, 과거의 상처가 자동적으로 나의 반응을 결정 짓도록 내버려 두지 않고, 그것을 '내가 고를 수 있는 옵션들 중 하나'로 분리해서 인식하는 겁니다.

★ 대물림을 끊는 선택 : '정지'와 '새로운 코드 작성'

감정이 치밀어오를 때, 저는 요즘 두 가지 동작을 기억하려고 합니다. 하나는 '정지', 또 하나는 '새로운 코드 작성'입니다. 정지는 감정적으로 반응하지 않기 위해 잠시 멈추는 시간입니다. 물 한 잔을 마시고, 방을 나갔다 들어오기도 합니다. 선택이론에서 말하는 '반응의 자율성'을 확보하는 순간입니다. 그리고 그 짧은 시간 안에 나는 내 머릿속 코드 중 오래된 것을 주석 처리하고, 새로운 함수를 하나 넣습니다. 예를 들어, 아이가 짜증을 낼 때 나는 예전에는 "왜 짜증을 내! 기분 나쁘게!"라고 했지만, 이제는 "화가 났구나. 무슨 일 있었어?"라고 묻는 선택을 합니다. 그렇게 감정의 흐름을 리디렉션하는 겁니다. 물론 매번 성공하지는 않지만, 그 시도를 반복할수록 내 안의 낡은 반응 패턴이 약해지고 새로운 아빠 버전이 자리를 잡아가기 시작합니다.

★ 나의 노력, 그리고 선택 : 시스템을 다시 설계하는 일

아빠로서 내가 할 수 있는 가장 중요한 일은, 내 감정을 아이의 문제처럼 투사하지 않는 것입니다. 선택이론의 핵심은, 내가 나의 삶을 바꿀 수 있는 '설계자'라는 자각입니다. 그리고 그 설계의 첫 단추는 바로 '내가 피해자였다는 사실'에서 멈추지 않고, '피해자였지만 내가 지금 선택할 수 있는 길은 무엇인가?'를 고민하는 것에서 시작됩니다. 이 여정은 자기 계발의 길과도 닿아 있습니다. 내가 바뀌어야 아이도 바뀝니다. 내가 내 감정을 성숙하게 다룰 수 있어야 아이도 안전한 정서적 환경 속에서 자랄 수 있습니다. 결국, 아빠라는 시스템을 업데이트하는 일은 기술적인 문제 이전에 '인간적인 선택의 문제'입니다.

★ 사랑이란 반복되는 선택의 총합

사랑은 감정이기도 하지만, 더 깊이 들어가 보면 반복되는 '선택의 총합'입니다. 그 선택에는 참는 것도, 기다리는 것도, 미안하다고 말하는 것도, 그리고 다시 대화하려고 손을 내미는 것도 포함됩니다. 내가 피해자였던 과거의 경험은 오랜 시간 동안 나에게 고통을 주었지만, 그 기억이 또 다른 가해로 이어지게 할지는 오직 나의 선택에 달려있는 문제입니다. 인간에게 있어서 부정적인 감정을 없애는 것은 불가능한 영역일 수 있습니다. 그러나 그 감정을 어떻게 다룰지는 '학습 가능한 기술'이라는 것을 알고 행동하는 것입니다. 그래서 매일 아빠로서 새로운 선택을 하는 연습을 합니다. 아이에게 상처를 남기지 않기 위한 나만의 리팩토링 과정입니다. 그렇게 해서 언젠가는, 제 아이가 저에게 이렇게 말해주었으면 합니다.

"아빠는 나한테 상처를 주지 않으려고 참 많이 애썼던 사람이야."

아이의 이 말 한마디가, 내가 과거의 루프를 끊어낸 증거이자, 다음 세대에게 물려줄 수 있는 가장 아름다운 상속이라고 생각합니다.

3장

구조 설계
: 새로운 아빠 프로그램을 짜다

"좋은 아빠 아키텍처는
기능적인 완벽함이 아니라,
정서적인 일관성과 연결에서 비롯됩니다."

1. 좋은 아빠 아키텍처란 무엇인가?

"좋은 아빠"라는 말은 자주 들립니다. 다정하고, 책임감 있고, 열심히 일하고, 아이에게 잘해주는 사람. 하지만 막상 "좋은 아빠"의 정체를 코드로 짠다고 생각하면 금세 손이 멈추게 됩니다. 그저 외형적으로 훌륭해 보이는 기능들을 쭉 나열하는 것이 과연 아이의 삶에 진짜 영향을 주는 아빠의 모습일까요? 좋은 아빠 아키텍처를 정의한다는 것은 단순히 '뭐든 다 해주는 아빠'를 설계하는 것이 아니라, 아이의 정서 시스템과 신뢰 네트워크에 가장 중요한 핵심 모듈을 중심으로 설계하는 일입니다. 흔히 말하는 '좋은 아빠'는 사회적으로 주입된 이미지에 기반한 경우가 많습니다. 예를 들어, 퇴근 후 피곤한 몸을 이끌고 아이와 놀아주는 아빠, 아이가 원하면 무엇이든 사주는 아빠,

혹은 공부를 잘하도록 열심히 지도하는 아빠. 모두 좋은 의도를 가진 모습들입니다. 이런 모습들이 아이에게 진짜 정서적인 연결감을 주는지는 다시 살펴볼 필요가 있습니다.

"감정적인 공감을 할 수 있는 아빠"는 사회적으로 주입된 아빠의 모습과는 조금 다른 결을 가집니다. 이 아빠는 아이의 말을 끊지 않고 끝까지 들어줍니다. 아이가 속상해할 때 "그럴 수도 있지"라고 말하며 감정을 있는 그대로 받아줍니다. 아이가 실수했을 때는 결과보다 감정에 먼저 귀를 기울입니다. 여기서 중요한 점은, 아빠가 어떤 상황을 '해결'해주려고 하지 않고, 먼저 '감정을 공감하고 이해'하려는 태도를 보인다는 것입니다. 이것이 진정한 정서적 지지의 출발점입니다. 정서적 지지는 인간이 성장하는 데 있어 산소와도 같습니다. 특히 성장기 아이들은 부모의 말 한마디, 표정 하나로 세상 전체를 해석합니다. 뇌과학적으로도, 아이의 전두엽은 아직 미성숙한 상태라 감정 조절과 상황 판단 능력이 부족합니다. 이때 부모가 감정적으로 안정된 존재로 곁에 있다는 건, 마치 아이의 시스템에 매우 훌륭한 보안 프로그램을 깔아주는 것과 같습니다. 언제든 돌아갈 수 있는 감정적 안전지대, 그것이 아이가 세상 속에서 시행착오를 겪으면서도 다시 일어설 수 있게 하는 복구 루틴입니다. 사랑과 인정, 그리고 격려는 이 정서적 안전지대의 핵심 코드입니다. 사랑은 '조건 없는 존재의 승인'입니다. 잘해서 사랑받는 게 아니라, 존재 자체로 충분히 가치 있다는 메시지를 전하는 것입니다. 인정은 아이가 경험한 감정이나 상황을 있는 그대로 받아주는 것입니다. 아이가 "오늘 친구가 나랑 안 놀았어"라고 말할 때 "에이, 괜찮아~ 별일 아냐"보다는 "오늘 친구가 놀아주지 않아서 속상했겠다, 외로웠겠다"라고 말해주는 것이 바로 인정입니다. 마지막으로 격려는 아이가 자신의 힘으로 무언가 해낼 수 있다는 믿음을 심어주는 작업입니다. 단순히 "너는 할 수 있어"가 아니라, "지난번에도 너는 해냈잖아, 이번에도 스스로 해볼 수 있을 거야"처럼 구체적인 경험 기반의 메시지가 효과적입니다.

선택이론 심리학에서는 인간의 모든 행동은 기본적인 욕구 충족을 위한 선택의 결과라고 말합니다. 그 다섯 가지 기본 욕구 중 하나가 바로 '사랑과 소속'입니다. 이는 단순히 관계를 갖는 것이 아니라, 내가 누군가에게 깊이 연결되어 있고, 그 관계가 안전하다는 확신을 갖는 상태를 말합니다. 부모와의 관계에서 이 연결 욕구가 충족되지 않으면, 아이는 다른 방식으로 욕구를 채우려 합니다. 과도한 인정 욕구, 반항, 위축, 거짓말 등은 연결 욕구가 좌절된 결과일 수 있습니다. 따라서 아이가 안정적으로 성장하기 위해서는 사랑, 인정, 격려라는 감정적 코어 모듈이 반드시 작동해야 합니다. 감정적으로 공감할 수 있는 아빠가 되기 위해서는 먼저 내 감정의 로그부터 들여다보아야 합니다. 아이가 실수했을 때 화가 나는 그 반응의 근원이 어디서 시작되었는지, 내가 왜 그 상황에서 '화'라는 신호를 우선 출력했는지를 분석하는 과정이 필요합니다. 이 부분은 '감정의 스택 트레이스' 파트에서 더 깊게 다루겠지만, 여기서 짚고 싶은 건 '좋은 아빠 아키텍처'는 내 감정을 억누르는 시스템이 아니라, 내 감정을 관리하고 해석하는 기술을 포함한 구조여야 한다는 점입니다.

'좋은 아빠'가 되기 위해 감정적인 지지를 등한시하면, 겉은 화려하지만 내부에 에러가 많은 시스템이 됩니다. 예를 들어, 아이가 숙제를 하지 않았다고 크게 혼내고, 그 뒤에 아이를 위해 비싼 장난감을 사주는 경우가 있습니다. 이건 부모의 '사과 모듈'이 제대로 작동하지 않기 때문에 생기는 문제입니다. 감정적인 연결이 단절된 상태에서 물질적 보상이 이루어지면, 아이는 혼란스러워집니다. 무엇이 문제였고, 내가 어떻게 반응해야 했는지 시스템적으로 이해하기 어렵기 때문에 결국 같은 패턴이 반복됩니다. 반면 감정적 공감이 있는 아빠는 이런 상황에서 "아빠가 너무 화를 내서 미안해. 네 입장에서는 억울했을 수도 있겠구나. 다시 얘기해 볼 수 있을까?"라고 접근합니다. 그리고 아이가 진짜 이유를 말할 수 있도록 기다려줍니다. 이 대화의 구조는 시간이 걸리지만, 감정적으로는 가장 안정적인 네트워

크를 형성합니다. 아이는 '아이 본인이 있는 그대로 받아들여지는 경험'을 통해 자기감정 조절 능력을 키우고, 자기 가치감도 함께 성장합니다. 정서적 지지를 중심으로 한 좋은 아빠 아키텍처를 구현하기 위해 필요한 주요 구성 요소들은 다음과 같습니다.

1. **감정 청취 모듈** : 아빠의 자의적 판단 이전에 아이의 말과 감정을 있는 그대로 받아들이는 기능.
2. **공감 피드백 루틴** : 아이의 감정을 반영해주는 언어 사용과 반응 방식. (예 : "그렇게 느낄 수 있어.")
3. **사랑의 반복 출력** : 특별한 일이 없어도 '사랑해', '너는 존재 자체로 소중해'라는 메시지를 반복적으로 출력.
4. **실수 복구 알고리즘** : 아이가 잘못했을 때 정죄하지 않고, 복구 가능한 기회를 주는 구조.
5. **자기 점검 시스템** : 아빠 자신이 감정적으로 흔들릴 때, 그것을 인식하고 조절하는 자가진단 기능.

이러한 구조가 작동할 수 있으려면, 우선 아빠 자신의 감정 시스템이 최소한의 안정성을 갖추어야 합니다. 그것은 완벽함이 아니라 '알아차림'에서 시작됩니다. 아이와의 관계에서 내가 감정적으로 격렬해질 때, 그 반응을 알아차리고 잠시 멈추는 능력. 선택이론에서는 이걸 '행동 전 선택의 여지 확보'라고 부릅니다. 반사적으로 반응하는 것이 아니라, 반응을 하기 전에 '선택의 순간'을 확보하는 것이 중요합니다. 아이에게 진짜로 필요한 건, 매일 맛있는 저녁이나 화려한 여행이 아닙니다. 오히려 자기 감정을 눈치 보지 않고 말할 수 있는 공간, 실패해도 괜찮다고 말해주는 존재, 자신의 존재가 누군가에겐 정말 소중하다는 믿음입니다. 그리고 이런 환경을 만들어 주는 아빠가 진짜 좋은 아빠입니다.

결론적으로, 좋은 아빠 아키텍처는 기능적인 완벽함이 아니라, 정서적인 일관성과 연결에서 비롯됩니다. 아이와 아빠가 감정적으로 연결되어 있다는 믿음은 아이의 전 인생에 영향을 줍니다. 그것은 마치 백엔드에서 늘 작동하는 서버와 같습니다. 눈에 띄지 않지만, 항상 연결되어 있다는 신뢰. 아빠라는 서버가 언제든 응답할 준비가 되어 있다는 안정감. 바로 그것이 아이의 성장이라는 시스템에서 가장 중요한 기반입니다.

2. '버전 2.0' 아빠로 전환하기 위한 조건들

　어느 날 문득 이런 생각이 들었습니다. "내가 지금처럼 살아간다면, 우리 아이가 크면 나를 어떻게 기억할까?" 그 질문 하나가, 마치 프로그램에서 새로운 버전을 배포하기 전 체크리스트처럼 제 마음속에서 수없이 많은 조건들을 떠오르게 만들었습니다. 개발자로서 늘 해왔던 업데이트 작업, 패치노트 정리, 버전 관리와 마찬가지로 '아빠 버전 2.0'으로 전환하는 데도 분명 조건과 단계가 있다는 것을 깨달았습니다. 자기 계발과 선택 이론의 관점에서, 이 '아빠 2.0'이라는 버전은 단순한 기술 업그레이드가 아니라, '자각'과 '의도적 선택'을 기반으로 하는 정서적 재설계입니다.

★ 1. 자기인식 : 지금 나는 어떤 아빠인가?

소프트웨어 버전을 업데이트하려면 먼저 현재 버전을 정확히 알아야 하듯, 나의 부모로서의 현재 상태를 자각하는 것이 시작입니다. 선택이론에서 윌리엄 글래서는 인간의 행동을 "행동의 전체"(전체 행동: 활동, 생각, 감정, 생리 반응)로 설명합니다. 우리는 종종 아이에게 말하는 방식, 짜증을 내는 반응, 무관심으로 대응하는 습관 등이 "내가 원하지 않는 방식임에도 불구하고" 자동처럼 실행되는 걸 경험하게 됩니다. 이 자동 반응은 어린 시절부터 입력된 "기본값(Default Settings)"일 가능성이 큽니다. 그래서 아빠 버전 2.0으로 넘어가려면 먼저 내가 지금 어떻게 반응하고 있는지, 어떤 패턴을 반복하고 있는지 로그를 살펴보듯 관찰하고 인식해야 합니다.

★ 2. 선택의 전환 : 통제 대신 영향 주기

기존 아빠 버전 1.0은 "통제 기반"의 명령어가 많았습니다. "하지 마", "지금 당장 해", "너는 왜 항상…."과 같은 명령어들입니다. 이건 마치 강제로 실행되는 루틴처럼, 아이에게 입력 오류를 일으키고 정서적 거리를 만듭니다. 아빠 2.0은 '통제'에서 '영향'으로 전환됩니다. 선택이론에서는 사람은 누구나 자기 행동을 스스로 선택한다고 말합니다. 그러므로 아이에게도 스스로 선택할 수 있는 공간을 주고, 그 선택이 어떤 결과로 이어지는지를 학습하게 돕는 게 핵심입니다. 즉, '무엇을 시킬까'가 아니라 '어떻게 선택할 수 있게 도와줄까'가 중요합니다. 이것은 개발에서 UI/UX를 설계할 때, 사용자가 자연스럽게 원하는 행동을 하도록 흐름을 디자인하는 것과 비슷하다고 생각할 수 있습니다.

★ 3. 감정 처리 능력 : 감정 로그를 정리하기

버전 1.0의 나는 감정을 억누르거나, 툭 치면 터질 수 있는 매우 예민한 상태였습니다. 마치 메모리 누수가 쌓이다가 갑자기 전체 시스템이 다운되는 것과 같았습니다. 아빠 2.0은 감정 로그를 실시간으로 기록하고 관리하는 능력을 전제로 합니다. 이를 위해 필요한 건 감정 명명 기술입니다. 예를 들어, 아이가 내 말을 무시했을 때 "화났다"에서 멈추는 것이 아니라, "무시당해서 서운했고, 나도 존중받고 싶었다."로 정리하는 것입니다. 이것은 에러 메시지를 구체적으로 남기는 것과 같아서, 이후에 문제의 원인을 분석하고 대응할 수 있게 도와줍니다.

★ 4. 신념 점검 : 낡은 코드에서 벗어나기

부모로서의 신념 중에는 이미 쓸모없거나 오히려 해가 되는 것들이 있습니다. 예를 들어 "아이를 잘 키우려면 강하게 키워야 해"와 같은 문장은 한 시대를 지배했던 신념일 수 있습니다. 그렇지만 지금은 오류를 발생시키는 낡은 함수일 수 있습니다. '아빠 2.0'은 과거의 신념을 검토하고, 현재 내 가족에게 맞는 설계로 바꾸는 작업을 포함합니다. 기술 스택을 교체하거나, 보안 취약점을 가진 라이브러리를 제거하고 새로운 모듈로 갈아 끼우는 일과 비슷하다고 볼 수 있습니다.

★ 5. 회복력 : 오류는 복구 가능한 것임을 인식하기

아이 앞에서 실수했을 때, "아빠가 미안해"라고 말하는 건 아빠 2.0의 상징 같은 장면입니다. 예전에는 부모가 잘못을 인정하는 게 '권위가 무너지는 것'으로 여겨졌지만, 이제는 권위를 세우는 진짜 방법은 신뢰를 쌓는 것임을 알아야 합니다. 선택이론에서도 '책임'은 선택의 중요한 구성 요소입니다. 부모도 자신의 선택에 대해 책임지고, 실수했을 때 복구 루틴을 실행할 줄 아는 것이 아이에게 '더 성숙한 인간'의 모델이 됩니다. 아빠는 언제나 완벽한 사람이 아니라, 수정이 가능하고 변할 수 있는 존재라는 것을 보여주는 것이 아빠 2.0의 핵심입니다.

★ 6. 성장 지향성 : 나는 아직 업데이트 중

아빠 버전 2.0은 완성형이 아니라 계속 업데이트되는 진행형입니다. 정기적으로 내 반응 패턴을 돌아보고, 아이의 나이에 따라 달라지는 감정 니즈와 발달 단계에 맞춰 나를 조정하는 것이 필요합니다. 예를 들어, 초등학교 저학년 때는 감정 코칭이 더 중요했다면, 중학교 무렵에는 대화의 타이밍이나 존중의 방식이 더 중요해집니다. 즉, 부모로서의 UX도 계속 바뀌어야 합니다. 그래서 독서, 멘토링, 대화, 그리고 아이의 피드백을 수용하는 능력은 성장하는 아빠의 필수 스킬입니다.

★ 7. 관계 중심 설계 : 아내와 동기화된 부모 전략

마지막으로, 버전 2.0 업데이트는 공동 운영 시스템을 기반으로 설계되어야 합니다. 아빠 혼자 아무리 노력해도, 아내와의 방향이 다르다면 아이는 혼란에 빠지기 쉽습니다. 반대로 아내 혼자만의 노력으로도 서로의 방향이 다르다면 아이는 혼란스러워할 수 있습니다. 이것은 백엔드와 프론트엔드가 서로 통신 프로토콜이 맞지 않아 오류가 생기는 것과 비슷합니다. 그래서 아빠와 엄마 사이의 의도 공유, 규칙 합의, 감정 표현 방식 통일은 반드시 필요합니다. 부부 사이가 건강하면, 그 자체가 아이에게 정서적 보안 시스템이 되어줍니다.

★ 아빠 2.0의 출시는 '완료'가 아니라 '진입'이다

이 글을 쓰는 저 역시 아직 베타 버전일지 모릅니다. 그러나 중요한 건, 더 나은 아빠가 되기로 선택을 했습니다. 그렇게 되기 위한 과정을 계획하고 시행착오와 함께 실행하고 있다는 점입니다. 아빠 2.0으로 전환하기 위한 조건은 아래와 같이 '선택 기반의 진화'일 것입니다.

자기 인식 → 감정 처리 → 신념 점검
→ 실수 복구 → 성장 의지 → 관계 조율

이제는 아빠도, 버전업할 시간입니다. 아이의 마음에 진짜 실행 가능한 아빠가 되기 위해, 오늘도 한 줄씩 코드를 정리해 나가봅니다.

3. 부정확한 설계서
: 사회가 말하는 '이상적인 아빠'의 오류

　아빠라는 이름을 처음 부여받았을 때, 우리는 누군가에게 아빠가 되기 위한 교육을 받은 적이 없었습니다. 학교에도, 직장에도, 육아 매뉴얼을 읽는 수업은 없었습니다. 그런데도 이상하게, 머릿속에는 이미 '이상적인 아빠'라는 이미지가 어느 정도 입력되어 있었습니다. "가정을 책임지는 든든한 가장", "아이들에게 존경받는 권위자", "힘들어도 말없이 참고 견디는 묵묵한 사람". 이런 이미지는 어디서 왔을까요? 암묵적인 이미지는 마치 제대로 테스트도 안 거친 소스코드를 참고해서 제품을 만드는 것과 같습니다. 모습은 그럴듯해 보이지만, 실행에 들어가면 오류가 나고 충돌이 일어납니다. 그리고 그 충돌의 피해는 대개 가장 가까운 가족들에게 돌아가게 됩니다.

우리가 참고한 이 설계서는 대부분 사회적 통념과 미디어에서 파생된 편향된 코드입니다. 광고 속에서 아빠는 대개 일터에서 지친 몸을 이끌고 돌아오지만, 아이의 미소에 힘을 내는 존재로 그려지고, 드라마에서는 묵묵히 가족을 위해 희생하는 사람이거나, 혹은 실패한 아빠로 묘사됩니다. 마치 아빠는 결과로만 평가되는 함수처럼, 노력보다는 '해냈느냐' '잘했느냐'에만 초점이 맞춰져 있는 것이 보통입니다. 이런 설계서는 다음과 같은 몇 가지 중대한 오류를 포함하고 있습니다.

★ **첫째, 감정을 삭제한 구조입니다.**

아빠는 울면 안 되고, 힘들어도 말하지 말고, 묵묵히 참아야 한다는 규칙이 숨어 있습니다. 이것은 감정을 처리하는 로직을 아예 주석 처리해버리는 것과 같습니다. 하지만 프로그래밍 세계에서도 감정과 같은 '상태'는 철저하게 관리돼야 할 중요한 변수입니다. 무시하거나 억누르면, 결국 시스템이 다운됩니다. 아빠의 감정도 마찬가지입니다. 억누르면, 결국은 분노나 무기력으로 출력될 수밖에 없습니다.

★ 둘째, 모든 책임을 혼자 떠맡는 싱글 스레드 구조입니다.

육아도, 경제도, 가정의 평안도 모두 아빠가 책임져야 한다는 생각. 이것은 비효율적인 병목 현상을 초래합니다. 멀티스레딩이 되지 않기 때문에, 하나라도 실패하면 전체 시스템이 멈추게 됩니다. 진짜 효율적인 시스템은 역할 분산과 협업으로 움직입니다. 가정도 마찬가지입니다. 부부는 동료이며, 아이 역시 협업 가능한 존재라는 것을 기억해야 합니다.

★ 셋째, 평가 중심의 로직입니다.

'좋은 아빠란 이런 것이다'라는 평가 기준에 맞지 않으면 나는 실패자라는 결론. 이건 마치 프로그램에서 하나의 에러가 났다고 전체를 중단하는 'fatal error'를 넣어둔 것과 같습니다. 하지만 우리는 점점 나아질 수 있는 존재입니다. TDD(Test Driven Development, 테스트 주도 개발)처럼 시행착오를 통해 배우고, 작은 성공을 쌓아가며 전체 프로그램을 완성해나갈 수 있습니다.

여기서 선택이론(Choice Theory)의 관점이 굉장히 도움이 됩니다. 윌리엄 글래서 박사의 이론에 따르면, 사람은 누구나 행동을 선택합니다. 감정이나 생각도 선택의 일부이며, 이를 바꾸기 위해선 바로 지금 이 순간의 선택이 중요하다고 말합니다. 사회가 만들어 준 아빠의 이미지는 외부 통제 중심(External Control)의 발상입니다. "아빠라면 이래야 해", "남자는 원래 그런 거야"라는 외부 기준에 맞추려 하면, 우리는 점점 자기 결정권을 잃고 무기력해집니다. 반면, 선택이론은 내면의 욕구에 기반한 자기 결정(self-determination)을 강조합니다. 아이와 진짜로 연결되기 위해선, 먼저 나 자신의 내면과 연결되어야 하고, 사회가 말하는 설계서가 아닌, 내 안에서 재작성한 아빠 설계서를 기준으로 삶을 설계해야 합니다.

자기 계발의 관점에서 접근해 볼 수도 있습니다. 우리가 문제 해결 능력을 키우기 위해 꾸준히 문제를 풀고, 책을 읽고, 다른 사람의 코드를 분석하듯이, 아빠로서의 실력도 그런 방식으로 계속 업데이트해야 합니다. 한 번 배운 것을 고정된 진리로 삼기보다는, 계속해서 테스트하고, 리팩토링하며, 무엇보다 아이와의 피드백 루프를 열어두는 것이 중요합니다. 혹시 오늘 아이와의 대화에서 충돌이 있었다면, 그건 실패가 아니라 디버깅 포인트입니다. "왜 내가 그 순간 화를 냈을까?", "아이의 말이 나의 어떤 트리거를 눌렀지?"라는 질문을 통해, 우리는 매일 조금씩 더 나은 아빠 프로그램으로 진화해갈 수 있습니다.

결국, '이상적인 아빠'란 누가 만들어놓은 설계서를 그대로 따라가는 것이 아니라, 내 가족, 내 환경, 나의 경험에 맞춰 끊임없이 맞춤형으로 설계하고 조정해나가는 것입니다. 그리고 그 과정은 어렵지만, 절대 혼자서 해낼 필요는 없습니다. 아내와 아이와 때론 전문가와 함께 협업하면서 완성도를 높여갈 수 있는, 살아 있는 프로그램이어야만 진짜 좋은 아빠가 될 수 있습니다.

　이제부터는 남이 짜준 설계서 대신, 나만의 로직으로 아빠 코드를 다시 짜보는 건 어떨까요? 그 안에서 진짜 나다운, 진짜 연결된 가족 시스템이 돌아가기 시작할 것입니다.

4. 사랑과 안전, 핵심 로직의 우선순위 정하기

아빠도 시스템입니다. 시스템에는 언제나 핵심 로직이 있습니다. 스마트폰을 켰을 때 가장 먼저 돌아가는 것은 운영체제입니다. 그 운영체제가 정상적으로 작동하지 않으면, 그 위에 아무리 멋진 앱을 설치한다고 해도 무용지물입니다. 우리도 마찬가지입니다. 아빠라는 프로그램 속에서도 가장 먼저 작동해야 할 로직은 분명 존재합니다. 바로 '사랑'과 '안전'입니다. 이것은 단순히 감정적인 표현이 아니라, 우리가 아이와의 관계 속에서 구현하고 반복해야 하는 '기본 함수'입니다.

★ 사랑, 감정이 아닌 '행동 가능한 설계'

우리는 종종 "나는 아이를 사랑해"라고 말하지만, 그 사랑이 코드로 구현되지 않는 경우가 많습니다. 선택이론의 창시자 윌리엄 글래서는 "사랑은 감정이 아니라 행동이며, 선택할 수 있는 행동이다"라고 했습니다. 감정은 일어날 수도 있고 안 일어날 수도 있는 상태지만, 행동은 선택해서 실행하는 기능입니다. 즉, 사랑은 아이에게 말을 걸고, 함께 시간을 보내고, 그 아이의 이야기를 들으려는 노력으로 나타나야 합니다. 이 로직이 아빠 시스템에 깔려 있지 않으면 어떤 문제가 발생할까요? 바로 '의도와 결과의 불일치'입니다. "나는 사랑해서 잔소리한 거야"라는 말은 사실 아빠의 입장에서의 로직이고, 아이의 입장에서 보면 '지적받고 혼나는 경험'일 뿐입니다. 이렇게 되면 사랑이 아빠에게 '의도된 출력값'이 아닌, '실패한 예외처리'로 작동하게 됩니다.

★ 안전, 정서적 운영체제의 기초

사랑과 더불어 반드시 선행되어야 할 로직이 있습니다. 바로 '안전'입니다. 여기서 말하는 안전은 물리적인 보호만을 의미하지 않습니다. 정서적 안전, 즉 마음이 편하고 두려움 없이 표현할 수 있는 공간이 되어주는 것입니다. 프로그래밍 세계에서 아무리 성능이 뛰어난 시스템이라 해도, 보안을 제대로 구성하지 않으면 해킹당하고, 데이터가 유출되며, 시스템은 다운될 수 있습니다. 마찬가지로, 아무리 좋은 부모 교육을 받고 감정 조절을 배우더라도, 아이가 정서적으로 안전하지 않다고 느끼면 그 시스템은 무너질 수밖에 없습니다. 선택이론에서도 '기본 욕구 충족'이라는 개념이 있습니다. 인간은 생존, 소속감, 힘, 자유, 즐거움이라는 기본 욕구를 충족시킬 수 있을 때 건강한 삶을 살 수 있습니다. 이 중에서도 '소속감'과 '생존(안전)'이 충족되지 않으면 다른 어떤 교육이나 훈육도 효과를 보기 어렵습니다. 아이가 아빠와의 관계에서 끊임없이 방어 모드에 들어가게 되기 때문입니다.

★ 우선순위의 오류 : 성취 vs 안정

많은 아빠들이 이 우선순위에서 흔히 범하는 실수가 있습니다. 바로 '성취'를 '사랑'보다 먼저 두는 것입니다. "너 잘되라고 그러는 거야", "앞으로 커서 뭐가 되려고 그러니"라는 말은 속마음은 사랑의 표현일지 몰라도, 아이에게는 성취 압박으로 전해집니다. 이 로직은 다음과 같이 잘못된 우선순위를 갖고 작동합니다

```
if (성취도 < 기대치) {
    실행: 꾸짖기 또는 통제
} else {
    실행: 칭찬 또는 보상
}
```

위와 같은 조건문은 사랑을 조건부로 만듭니다. 아이는 설정한 조건(기대치보다 큰 성취도)을 만족시켜야만 사랑받을 수 있다고 학습하고, 이 로직은 평생에 걸쳐 자신의 가치에 대한 왜곡된 기준을 만듭니다. 따라서 우리가 새롭게 정의해야 할 아빠의 조건문은 아래와 같아야 합니다.

```
if (아이 존재함) {
    실행: 사랑하기
    조건 상관없음
}
```

아이에게 무조건적인 사랑을 제공한다는 건, 아무 행동에도 제재를 가하지 않는다는 뜻이 아닙니다. 오히려 "내가 널 사랑하기 때문에 이 행동은 중단해야 해"라고 말할 수 있는 정서적 기반을 먼저 만들어야 합니다. 이 기반이 없으면 어떤 훈육도 '통제'로만 받아들여집니다.

★ 사랑과 안전을 우선순위에 넣는 구체적 방법

그렇다면 아빠로서 이 핵심 로직을 실생활에 어떻게 구현할 수 있을까요? 몇 가지 루틴화할 수 있는 방식을 소개합니다.

1. **일일 점검 루틴** : 하루에 한 번, 아이가 나와 대화할 때 표정은 어땠는가, 내 말투는 어땠는가를 되짚어봅니다. 선택이론에서 행동점검은 매우 중요한 자기 계발 도구입니다. 이것은 마치 매일 로그파일을 열어 오류가 있었는지를 점검하는 것과 같습니다.
2. **행동의 언어화** : 아이를 사랑한다고 느끼는 순간, 말로 표현하는 연습을 합니다. "아빠는 네가 있어서 행복해", "오늘 너랑 이야기해서 기뻤어" 같은 짧은 문장은 사랑을 코드화한 출력이라고 할 수 있습니다.
3. **실패 상황 복구 프로토콜** : 화를 내고 아이가 상처받을 일이 생겼다면, 그날 안에 복구합니다. "아까 아빠가 큰소리 내서 미안해. 그건 너 때문이 아니라, 아빠가 감정을 잘 다루지 못한 거야"라고 말하면, 아이는 "아빠도 완벽하진 않

지만, 내 감정을 중요하게 여기는구나"라는 신뢰를 학습할 수 있는 기회가 됩니다.
4. **정서적 방화벽 구축** : 갈등이 생길 때, 감정적으로 폭발하지 않기 위한 규칙을 만듭니다. 예를 들어, "화가 날 땐 5분 쉬고 말하자"와 같은 가정 안에서의 약속은 아이 정서 보호을 위한 중요한 프로토콜입니다.

★ 핵심 로직은 시스템의 '기본값'으로 설정

사랑과 안전은 어떤 상황에서도 흔들리지 않아야 하는 '기본값'입니다. 아이가 실수했을 때, 학교에서 안 좋은 일이 있었을 때, 성적이 기대 이하였을 때조차도 '너는 사랑받고 있고, 여기는 안전한 곳'이라는 메시지를 반복적으로 주어야 합니다. 이 반복이 바로 아빠라는 프로그램이 실행되었을 때 가장 먼저 출력되어야 할 메시지입니다.

아이와의 관계에서 사랑과 안전을 가장 먼저 두는 것, 그것이야말로 아빠 2.0으로 업그레이드하는 첫 번째 조건입니다. 기술이 아무리 발전해도, 인간의 기본적인 욕구인 사랑과 소속, 안전은 바뀌지 않습니다. 우리는 이 핵심 로직을 깔고 나서야 비로소, 인성과 학습, 자율성과 책임감 같은 상위 기능들을 아이에게 전수할 수 있습니다.

기억하세요. 프로그램은 코딩된 대로 실행됩니다. 우리 안에 사랑과 안전이 먼저 코딩되어 있지 않다면, 아이는 다른 로직으로 세상을 이해할 것입니다. 아빠 시스템의 가장 중요한 기능, 업데이트를 시작하시겠습니까?

4장

모듈 최적화
: 감정과 관계를 재설정하는 기술

"감정을 기록하는 행위는 간단해 보이지만,
실제로는 매우 강력한
자기 계발의 영역이고 도구입니다."

1. 감정처리기
: 분노를 로그로 남기기

컴퓨터나 스마트폰을 사용하다가 보면, 한 번 정도는 '오류 메시지' 혹은 '에러 로그'라는 단어를 들어보았을 것입니다. 우리가 사용하는 대부분의 IT 기기와 시스템은 자신에게 무슨 일이 일어나고 있는지를 꼼꼼하게 기록합니다. 이러한 기록을 '로그(Log)'라고 부릅니다. 개발자의 입장에서는 무언가 잘못되었을 때, 시스템이 작동하지 않거나 느려졌을 때, 이 로그를 살펴보면 문제의 원인을 빠르게 파악하고 고칠 수 있습니다. 그렇다면 아빠라는 '시스템'도 마찬가지가 아닐까 하는 생각을 합니다. 컴퓨터와 마찬가지로 우리 내면에도 여러 가지 감정이 생겨나고 뇌 속에 기록이 됩니다. 그렇지만 이런 감정의 로그를 대체적으로 의식하지 못하고 지나갑니다. 특히 '분노'라는 감정은 너무도 강렬하고 폭발적이어서 지나가고 나면 마치 아무 일 없었다는 듯 잊히기도 합니다. 하지만 분노가 반복적으로 겪는 상황이라면 곰곰이 생각해 볼 필요가 있습니다. 분노라는 감정의 폭발 뒤에는 반드시 처리하지 못한 또 다른 감정이 쌓여 있기 때문입니다. 선택이론(Choice Theory)에 따르면, 사람은 자신이 처한 상황과 감정을 스스로 선택할 힘을 가지고 있습니다. 즉, 우리가 어떤 사건에 분노하는 것은, 무의식적으로라도 특정한 행동을 선택하고 있는 것입니다. 분노라는 감정은 본질적으로 '경고 신호'입니다. 이 경고 신호를 무시하면 언젠가 더 큰 문제가 생길 수 있습니다. 바로 이 지점에서 우리는 '감정 처리기'가 필요합니다.

감정 처리기는 간단하게 말하면 '내가 왜 분노했는지'를 기록하고 점검하는 습관입니다. 분노를 그저 폭발시키고 끝내는 것이 아니라, 그것을 냉정하게 바라보고 분석할 수 있도록 로그를 남기는 과정입니다. 감정을 기록하는 행위는 간단해 보이지만, 실제로는 매우 강력한 자기 계발의 영역이고 도구입니다. 내가 무슨 일로 화를 냈는지, 화를 내고 나서 아이나 가족들에게 어떤 행동을 했는지를 꼼꼼히 기록해두면, 이러한 기록을 하는 시간이 쌓여갈수록 분노의 패턴을 발견할 수 있습니다. 그리고 그 패턴을 깨닫는 순간, 이미 변화는 시작된 것이라고 볼 수 있습니다. 그렇다면 이 감정 로그는 어떻게 작성하는 것이 좋을까요?

첫 번째, '5W1H' 방법이 있습니다. 우리가 흔히 사용하는 5W1H(누가, 언제, 어디서, 무엇을, 왜, 어떻게)를 이용하면, 좀 더 체계적으로 분노 상황을 파악할 수 있습니다.

예를 들어 본다면 아래와 같이 할 수 있습니다.

- **누가** : 나와 아이가
- **언제** : 저녁 식사 때
- **어디서** : 식탁에서
- **무엇을** : 아이가 밥을 먹지 않고 장난칠 때
- **왜** : 나는 식탁 예절이 중요하다고 느껴서
- **어떻게** : 큰 소리로 야단쳤다

이처럼 짧게 상황을 기록해 놓으면, 내가 왜 그 순간 폭발했는지 더 분명히 볼 수 있습니다.

두 번째, 감정의 '깊이'를 표현하는 단어를 구체적으로 사용하는 방법입니다. 대부분 분노는 표면적인 감정이고, 그 뒤에는 더 깊은 감정이 숨어 있습니다. 자존심이 상했거나, 외로웠거나, 무기력했거나, 혹은 슬펐거나 두려웠던 것입니다. 단순하

게 "화났다"라는 말 대신, "무시당하는 것 같아 속상했다" 혹은 "나의 말을 안 들어서 내 권위가 무너진 느낌이었다"처럼 보다 구체적인 감정을 써보면, 분노라는 감정의 본질을 조금 더 분명하게 파악할 수 있습니다.

세 번째, '코딩' 하듯 감정을 체계화하는 방법입니다. 분노 로그를 단순히 글로만 기록하는 것보다는 자신만의 감정 코드를 만들어 보는 것도 좋은 방법입니다. 예를 들어, 강한 분노는 'ERROR-500', 짜증은 'WARN-300', 조금 불편한 감정은 'INFO-100'처럼 강도에 따라 나만의 분류를 만들어 두면, 훨씬 쉽게 자신의 감정을 관리할 수 있습니다.

위와 같이 분노 로그를 기록하는 습관을 반복하다 보면, 자연스럽게 자기 자신과의 '대화 능력'도 높아질 수 있습니다. 감정이란 아무리 감추려 해도 반드시 어딘가로 흘러가게 되어 있습니다. 마치 재채기를 참을 수 없는 것과도 같습니다. 내가 감정을 무시하거나 억누르면 그것은 어느 순간 원하지 않는 방향으로 터질 수 있습니다. 의도하지 않은 감정의 폭발은 나와 아이와의 관계를 해칠 수 있습니다. 오히려 적극적으로 기록하고 관리하는 것이 더 현명한 선택이라고 할 수 있습니다.

애자일(Agile) 개발 방법론에서도 '회고(Retrospective)'라는 개념을 중요하게 다룹니다. 애자일 개발 방법은 짧은 주기로 개발을 진행합니다. 그리고 회고라는 과정을 통해서 발생한 문제를 기준으로 새롭게 접근할 수 있는 방법을 찾는 방식입니다. 아빠로서의 분노 로그 또한 작은 회고라고 볼 수 있습니다. 주기적으로 내 감정과 행동을 돌아보는 회고를 통해 더 나은 아빠가 되어 가는 것입니다.

하루 한 번, 단 5분만이라도 자신과의 회고 시간을 가지는 것이 중요합니다.
"오늘 내가 화가 났던 이유는 뭘까?"
"그때의 내 감정은 정확히 무엇이었지?"
"다음에 같은 상황이 오면 어떻게 대처하면 좋을까?"

이러한 작은 질문들이 쌓이고 반복되면서 감정 관리 능력은 점점 더 강력해질 것입니다. 그리고 놀랍게도, 아빠의 이런 작은 변화가 아이에게도 영향을 미칩니다. 아이들은 부모를 보면서 자라기 때문입니다. 아빠가 감정을 선택하는 모습은 아이에게 자신의 감정을 보다 섬세하게 표현하고 다룰 수 있게 만드는 교과서가 됩니다. 결국, 아빠의 자기 계발은 아이의 인생 전체에 긍정적인 영향을 주는 셈입니다. 로그 기록은 시스템에만 필요한 것이 아닙니다. 오히려 우리 내면의 복잡한 감정이라는 프로그램이야말로 정교한 로그 기록과 디버깅이 필요한 영역입니다. 아빠로서, 그리고 무엇보다 더 나은 한 인간으로 성장하기 위해 오늘부터 자신의 감정을 냉정하게 바라보고 기록하는 습관을 시작해 보세요.

더 나은 아빠라는 시스템으로 업그레이드하기 위한 첫걸음은 바로 지금, 이 순간 내 감정을 정직하게 로그로 남기는 것부터 시작합니다.

2. 정서 캐시 클리어
: 쌓인 감정 털어내기

우리가 스마트폰이나 컴퓨터를 쓰다 보면, 속도가 느려지거나 제대로 작동하지 않을 때 가장 먼저 시도하는 게 무엇일까요? 보통은 앱을 닫거나, 기기를 재부팅하거나, 아니면 쌓인 캐시를 비우는 것이 일반적인 순서입니다. IT에 익숙한 아빠들이라면 아마 이 과정이 매우 익숙할 것이라고 생각합니다. 그런데 아빠라는 역할에서도 비슷한 과정이 필요하다는 생각을 해본 적 있으신가요?

'정서 캐시'라는 개념은 우리의 마음속에 쌓이는 감정의 찌꺼기를 표현한 것입니다. 컴퓨터가 계속 사용될수록 캐시 메모리에 쓰레기 데이터가 쌓이듯, 아빠들도 생활 속에서 아이와 부딪히고 아내와 의견 차이를 겪으며 스트레스나 서운함, 분노와 같은 감정이 알게 모르게 조금씩 누적됩니다. 문제는 이렇게 쌓인 감정의 찌꺼기가 어느 순간 임계점을 넘어서면 시스템을 마비시키듯, 감당할 수 없는 수준으로 폭발하거나 관계를 망가뜨릴 수 있다는 것입니다.

    선택이론을 통해 우리 인간은 감정을 선택할 수 있다고 이야기했습니다. 감정이라는 것은 본능적인 반응처럼 느껴지지만, 사실은 우리가 어떻게 생각하고 행동하느냐에 따라 결정되는 것이라는 이야기입니다. 여기서 우리가 얻어야 할 중요한 부분이 있습니다. 바로 감정이 선택 가능하다면, 그것을 처리하는 방식 역시 우리가 결정할 수 있다는 것입니다. 캐시를 비우듯 정서를 비우는 방법은 다양한 자기 계발 이론에서도 강조하고 있습니다. 예를 들어, '모닝 페이지'라는 방법이 있습니다. 줄리아 카메론(Julia Cameron)이 개발한 이 방법은 아침에 눈을 뜨자마자 머릿속에 떠오르는 모든 생각과 감정을 글로 적는 방식입니다. 오직 자신만이 읽을 수 있는 노트를 하나 준비하고, 아무 생각 없이 감정을 그대로 쏟아냅니다. 그 감정은 좋은 감정도 나쁜 감정도 어떤 것이라도 상관없습니다. 처음에는 이것이 무슨 소용인가 싶겠지만, 반복하면 할수록 마음속에 얽힌 감정의 덩어리들이 하나둘 풀리는 것을 느끼게 됩니다. 컴퓨터 용어로 표현하자면, 매일 아침 소프트 리셋 버튼을 눌러 시스템을 깔끔히 정리하는 과정이라고 볼 수 있습니다.

그렇다면 아빠들에게도 이런 리셋 버튼이 필요하지 않을까요? 아이와 갈등이 있었던 날, 아내와 사소한 말다툼이 있었던 날, 직장 스트레스가 유난히 심했던 날에 정서 캐시를 비우는 습관을 만드는 것입니다. 방법은 아주 간단합니다. 하루를 마무리할 때 혼자 조용히 앉아서 작은 노트를 펴고 오늘의 감정을 기록해보는 것입니다. 오늘의 분노, 서운함, 슬픔, 걱정이 어디서부터 시작되었는지, 내 마음의 무엇이 이런 감정을 만들어냈는지 하나씩 짚어가며 적어봅니다. 이렇게 감정을 명확하게 표현하는 것을 심리학에서는 '감정 명명(Emotion Naming)'이라고 합니다. 미국 UCLA 심리학과 매슈 리버먼(Matthew Lieberman) 교수는 감정을 언어로 표현하면 그 자체만으로도 뇌의 흥분이 감소하고 스트레스 수준이 낮아진다는 연구 결과를 발표한 바 있습니다. 감정 명명을 통해 감정을 기록하고 난 후에는 감정의 무게를 덜어내기 위한 다음 단계를 실행할 필요가 있습니다. 이것이 바로 정서 캐시를 비우는 두 번째 단계인 '감정 분리'입니다. 내가 느끼는 분노가 나 자신과 동일시되지 않도록 감정과 나 사이에 거리를 만드는 것입니다. 내 감정은 내가 아니라, 나의 일부일 뿐이라는 점을 명확히 하는 것입니다. "나는 화가 나 있어."가 아니라, "내 안에 지금 화가 느껴지고 있어."라고 생각하는 방식을 말합니다. 이런 방식으로 나의 감정이지만, 감정을 타자화하게 되면 감정에 휩쓸리지 않고 그저 바라보며 처리할 수 있는 힘을 갖게 됩니다. 여기서 하나 덧붙여야 할 것이 있습니다. 바로 내 감정을 혼자 처리하는 것뿐 아니라 아이나 아내와도 솔직하게 나누는 것입니다. 이는 '감정의 API'를 개발하는 과정이라고 볼 수도 있습니다. API란 서로 다른 프로그램이 데이터를 주고받을 수 있게 해주는 통신 수단을 말합니다. 우리의 정서 역시 마찬가지입니다. 내가 느끼는 감정과 생각을 상대방에게 정확히 전달하면, 서로 오해 없이 원활하게 관계를 유지할 수 있습니다. 예를 들어 "아빠가 오늘 회사에서 스트레스를 많이 받아서 조금 예민했어. 네가 잘못한 게 아니라, 아빠가 힘들어서 그런 거야."라고 말해주는 것입니다. 이 과정이 반복될수록 가족 구성원들은 서로를 이해하고, 오히려 관계가 더욱 단단해질 수 있습니다.

마지막으로 정서 캐시를 비우기 위해 반드시 해야 할 것이 있습니다. 바로 '정기적인 셧다운과 리부팅'입니다. 일상생활이 너무 바쁘고 정신없이 돌아갈 때는 아무리 감정을 기록하고 명명한다고 해도 감정 처리가 제대로 되지 않을 수 있습니다. 그래서 일주일에 한 번 정도는 아빠 혼자만의 시간을 갖는 게 중요합니다. 산책을 하거나, 가볍게 운동을 하거나, 아무도 방해하지 않는 나만의 시간과 공간에서 30분에서 1시간 정도 혼자 머무르는 것입니다. 이 시간을 통해 내 안의 쌓인 스트레스와 감정을 내려놓고 온전히 자신을 충전하는 시간으로 활용하는 것입니다.

  이 모든 과정은 결국 가족과 나 자신의 관계를 더 건강하게 유지하기 위한 지속 가능한 방법입니다. 컴퓨터의 캐시를 비워 성능을 향상시키듯, 아빠들도 정서 캐시를 비워 가족 관계와 내면의 건강을 향상시킬 수 있습니다. 정서 캐시를 비우는 것이야말로 우리 삶의 속도를 회복시키고, 가족이라는 소중한 관계를 최적화하는 가장 현명한 방법입니다. 오늘부터 하루 10분만이라도 정서 캐시 클리어를 실천해 본다면 어떨까요? 지금 시작해도 결코 늦지 않았습니다.

3. 공감 엔진
: 아이의 시점에서 디버깅하기

    컴퓨터 프로그래머들이 가장 고생하는 순간 중 하나는, 개발자가 만든 프로그램이 개발자의 컴퓨터에선 잘 작동하는데, 다른 환경에서 실행하면 계속 문제가 발생하는 상황일 것입니다. 이런 경우, 프로그래머는 이 문제를 해결하기 위해 어떤 행동을 해야 할까요? 바로 프로그램이 실행되는 환경을 최대한 동일하게 만들어 보면서, 그 프로그램의 입장에서 상황을 바라보고 문제를 디버깅하기 시작합니다. 우리는 이를 '환경을 재현하여 버그를 잡는다'라고 표현합니다.

    아이와 부모 간의 관계도 이와 비슷하다고 볼 수 있습니다. 부모는 대부분 '자신의 시선'으로 아이를 바라봅니다. 자신의 경험, 기대, 희망이 기준이 되어 아이의 행동을 평가하고 판단하기 쉽습니다. 이럴 때 우리는 의도와는 다르게 버그를 만들어 낼 수 있습니다. 부모 입장에서는 아무리 잘 짠 로직이라 생각해도, 아이의 시선에서는 전혀 다른 의미로 받아들여질 수 있기 때문입니다. 이를 제대로 알아차리고 해결하기 위해서는 '아이의 환경', '아이의 시선'에서 문제를 바라보는 연습이 필요합니다. 이것이 바로 '공감 엔진'을 돌리는 과정입니다.

공감이란 사실 생각보다 간단한 개념이 아닙니다. 우리가 보통 공감이라고 말하면, 상대방의 말을 경청하는 것, 상대방의 감정을 알아차리는 것 정도로 생각하기 쉽습니다. 하지만 공감이란 더 깊은 수준의 '상황 재현'과 연결됩니다. 선택이론(Choice Theory)에 따르면, 공감이란 상대방의 욕구와 감정의 뿌리를 이해하는 것이고, 상대의 행동을 통제하려 들지 않고, 서로 이해하는 방향으로 함께 가는 것입니다. 즉, 공감은 그 사람이 어떤 욕구를 충족하기 위해 그런 행동을 했는지를 이해하고 그 욕구를 존중하는 것에서 출발합니다.

아이와의 관계에서 공감 엔진을 작동시키는 방법도 동일합니다. 아이가 왜 그 행동을 했는지를 이해하려면, 그 상황에서 아이가 느끼는 감정과 욕구가 무엇인지를 먼저 생각해야 합니다. 선택이론에 따르면 인간에게는 생존, 사랑과 소속감, 힘, 자유, 즐거움이라는 다섯 가지 욕구가 있다고 합니다. 아이가 울거나 화를 낸다면, 이 다섯 가지 욕구 중 하나 이상이 충족되지 않고 있음을 의미합니다. 그 욕구를 무시한 채 '너 왜 자꾸 그래?', '이제 그만 좀 해!' 하고 부모의 기준에서만 훈계하는 것은 프로그램의 문제점을 전혀 모르면서 강제로 시스템을 종료시키는 것과 비슷합니다.

프로그래밍에서 디버깅할 때 프로그래머들이 가장 먼저 하는 일이 있습니다. 바로 프로그램이 어떤 데이터를 입력받아 어떻게 처리했는지 자세한 로그(log)를 남기고, 이를 분석하는 것입니다. 아이와의 관계에서 로그란 무엇일까요? 바로 아이의 행동과 표정, 말투, 그리고 반응입니다. 아이가 보이는 행동의 표면적인 의미만 보는 것이 아니라, 그 뒤에 숨겨진 아이의 내적 상태를 추측하고 파악하는 것이 바로 부모가 해야 할 '로그 분석'입니다.

예를 들어, 아이가 갑자기 동생의 장난감을 빼앗고 울음을 터뜨렸다고 생각해 봅니다. 부모 입장에선 즉시 "형이 돼서 왜 동생 걸 빼앗니?"라고 혼낼 수 있습니다. 하지만 공감 엔진을 가동한다면, 아이의 입장에서 잠시 멈추고 생각하게 됩니다. "아이가 요즘 너무 힘든가?", "뭔가를 빼앗는 행동은 어쩌면 소속감을 느끼고 싶은 건 아닐까?", "혹시 지금 부모의 관심이 필요해서 그럴까?" 이렇게 아이의 욕구와 감정을 추적하면 전혀 다른 시나리오가 펼쳐질 수 있습니다.

소아정신과 전문의 다니엘 J. 시겔(Daniel J. Siegel)은 자신의 저서 『아이의 뇌를 읽는 법』에서, 아이가 감정적으로 혼란스러울 때 부모가 먼저 그 감정과 상황을 인정하고 공감하면, 아이가 스스로를 더 빨리 안정시키고 문제를 해결하는 능력을 키울 수 있다고 이야기합니다. 아이의 마음 상태를 부모가 먼저 알아주면, 아이는 혼자가 아니라는 사실을 깨닫고, 문제를 해결할 힘을 얻게 됩니다. 아이에게 "그 장난감이 정말 갖고 싶었구나, 지금 속상하지?"라고 먼저 공감해 준다면, 이후 아이와의 소통은 훨씬 부드럽고 효과적으로 진행됩니다.

공감 엔진을 돌리는 데는 또 다른 기술이 있습니다. 바로 '역지사지(易地思之)'의 심리학적 확장인 '정서적 시뮬레이션'입니다. 개발자들이 프로그램의 오류를 해결하기 위해 문제가 일어난 환경을 똑같이 만들어 보는 것처럼, 부모도 아이의 정서를 시뮬레이션하여 체험할 필요가 있습니다. 상상력을 통해 아이가 처한 상황을 생생히 그려보면서, 만약 내가 아이였다면 어떤 감정을 느꼈을지, 어떤 반응을 보였을지 상상하는 것입니다. 이를 통해 부모는 아이의 행동이 단순히 잘못된 것이 아니라, 아이가 그 상황에서 최선을 다한 '자기 나름의 해결 방식'이었다는 것을 깨닫게 됩니다.

공감 엔진을 더 효율적으로 운영하려면 아이와 꾸준히 대화하는 '정기 점검'이 필수입니다. 마치 시스템을 주기적으로 점검하고 유지, 보수해야 안정적으로 운영되는 것처럼, 부모와 아이 간의 공감도 정기적인 점검과 소통이 필요합니다. 이를 위해 아이와 매일 짧게라도 감정을 공유하는 습관을 만들어야 합니다. 간단히 "오늘 학교에서 제일 기뻤던 일이 뭐야?", "오늘 제일 슬펐던 일이 있었니?"라고 물으며 아이의 마음에 무슨 일이 있었는지를 체크하고, 이를 부모가 직접 이해하고 인정해주는 것이 중요합니다.

결국, 공감 엔진을 가동한다는 것은 아이의 감정과 생각을 나와 같은 수준에서 존중하는 것입니다. 문제 상황이 발생했을 때, 먼저 부모의 기준과 가치로 판단하기 전에 아이의 환경에서 디버깅을 시작하는 겁니다. 그리고 그것이야말로 '좋은 아빠'로 성장하는 데 가장 중요한 로직입니다.

부모가 완벽할 수는 없습니다. 하지만 공감 엔진을 잘 작동시키는 부모는 적어도 아이와의 관계에서 발생할 수 있는 버그를 최소화할 수 있습니다. 아이의 입장에서 문제를 바라보고 해결책을 함께 찾아 나가는 이 과정이야말로, 진정한 의미에서의 최적화된 '아빠 프로그램'을 만드는 길일 것입니다.

4. 회복 루틴
: 아빠의 리커버리 코드

　회복은 시스템 운영에 있어 필수적인 과정입니다. IT 시스템에서 아무리 훌륭한 코드를 짰다고 해도, 늘 예상치 못한 상황과 버그는 발생하기 마련이죠. 이런 상황을 대비해 개발자들은 반드시 '리커버리 코드(Recovery Code)'를 준비합니다. 그렇다면 우리 아빠들도 '리커버리 코드'가 필요하지 않을까요? 예상치 못하게 아이와 감정적으로 충돌하거나 마음에 상처를 주었을 때, 우리는 어떤 식으로든 이 상황에서 복구해야 합니다. 여기서 '회복 루틴'이라는 개념이 등장합니다.

★ 아빠에게 왜 회복 루틴이 필요할까?

먼저 회복 루틴이 왜 중요한지부터 살펴보겠습니다. 아이와의 관계는 완벽할 수 없습니다. 아무리 애써도 감정적으로 흔들리는 날이 찾아오고, 나의 의도와는 상관없이 아이의 마음에 상처를 줄 때도 있습니다. 이때 우리 아빠들은 흔히 자신에게 너무 가혹해지면서 자책의 늪으로 빠지거나 이와는 반대로 아이가 잊어버리길 기대하며 문제를 덮어두려 하기도 합니다. 진정한 해결책은 문제를 덮는 것이 아니라, '회복할 수 있는 능력'을 키우는 데 있습니다. 이것을 '문제는 문제일 때 문제가 된다'라고 명명하기도 합니다. 선택이론을 살펴보면, 인간의 모든 행동은 기본 욕구를 충족하려는 목적을 지니고 있다고 합니다. 특히 사랑과 소속감의 욕구는 아이와 부모 모두에게 핵심적인 욕구입니다. 아이가 부모와의 관계에서 상처받았을 때 이 욕구는 좌절의 경험이 됩니다. 이 좌절의 경험을 회복하지 않으면 관계에 지속적인 손상을 줄 수 있습니다. 아빠의 회복 루틴은 이런 욕구를 다시 만족시키기 위한 '아이와의 관계 복구 프로세스'라고 볼 수 있습니다.

★ 리커버리 코드 설계하기 : 현실에서의 회복 루틴

리커버리 코드가 효과적이려면 실제 상황에서 바로 적용할 수 있어야 합니다. 이는 마치 앱이나 프로그램에서 문제가 생겼을 때 자동으로 복구하는 기능과 같습니다. 가장 현실적이고 효과적인 회복 루틴은 다음과 같은 단계로 구성됩니다.

첫 번째 단계 : 인지와 멈춤 (Pause)

회복 루틴의 첫 단계는 문제 상황을 인지하고 잠시 멈추는 것입니다. 여기서 중요한 포인트는 "즉각 반응하지 않기"입니다. 프로그램에서 예기치 않은 오류가 발생했을 때 아무런 상황 판단 없이 급하게 재시작하면 더 큰 문제로 이어질 수 있습니다. 마찬가지로 감정적으로도 즉각적 대응보다는 일단 멈춰야 합니다. 깊게 숨을 쉬며 내 마음과 감정에 '일시 정지 버튼'을 누르는 것만으로도 감정적 충돌을 줄일 수 있습니다.

두 번째 단계 : 내부 스캔 및 감정 명명 (Internal Scan & Labeling)

컴퓨터에서 문제가 생겼을 때 시스템 상태를 점검하는 것처럼, 아빠들도 마음과 감정을 스캔해야 합니다. 감정은 숨길수록 강해지고, 드러낼수록 그 힘이 약해진다는 심리적 원리가 있습니다(데이비드 번즈의 인지행동치료에서 강조되는 개념). 내가 지금 느끼고 있는 감정이 분노인지, 슬픔인지, 두려움인지 명확히 이름 붙이면 감정의 강도가 줄어듭니다. 예를 들어, "나는 지금 화가 났어." 혹은 "나는 지금 아이에게 실망했어."라고 명확히 말로 표현하면 감정이 통제 가능한 수준으로 내려옵니다.

세 번째 단계 : 솔직한 인정과 사과 (Acknowledgment & Apology)

회복 루틴에서 가장 핵심적인 부분은 아이에게 내가 실수했음을 인정하고 진심으로 사과하는 것입니다. 이는 개발자들이 명확한 오류 메시지를 보고 빠르게 대응하듯이, 아빠가 아이와의 관계를 복구하기 위해 반드시 거쳐야 할 필수적인 절차입니다. 여기서 중요한 점은 사과의 형식입니다. 반사적으로 그리고 상황을 모면하기 위해서 "미안해"라는 말을 반복하는 것이 아니라, 구체적으로 어떤 점에서 내가 잘못했는지, 아이가 어떤 부분에서 상처받았을지 이해하고 진심으로 사과하는 것입니다. "아빠가 목소리를 높였을 때 너의 마음이 많이 속상했겠구나. 아빠가 너무 화가 나서 그랬는데, 정말 미안해."라는 명확한 메시지가 필요합니다.

네 번째 단계 : 아이의 감정을 확인하고 경청하기 (Validation & Listening)

회복 루틴에서 자주 놓치게 되는 부분은 바로 아이의 감정을 충분히 확인하고 공감하는 단계입니다. 부모 입장에서 회복이 완료되었다고 생각해도, 아이가 아직 상처에서 벗어나지 못했다면 진정한 복구는 이뤄지지 않습니다. 개발자가 사용자의 불편을 듣고 정확히 파악해야 하듯, 아빠들도 아이가 느끼는 감정과 생각을 제대로 들어줘야 합니다. 아이에게 "지금 기분이 어때?", "아빠가 어떤 말을 했을 때 제일 힘들었어?" 같은 질문을 하는 것도 좋습니다. 아이가 대답을 하고, 대답을 하기까지 기다려주는 과정 자체가 회복 루틴의 중요한 부분이 됩니다.

다섯 번째 단계 : 문제의 근본적 개선 및 약속 (Patch & Commit)

마지막 단계는 앞으로의 개선 방안과 약속을 만드는 것입니다. 이 과정에서 "다시는 그러지 않을게" 같은 막연한 약속은 큰 소용이 없습니다. 현실적이고 구체적인 대안을 아이와 함께 설정하는 것이 좋습니다. 예를 들어 "아빠가 화가 나면 잠깐 다른 방으로 가서 쉬고 올게." 같은 구체적이고 현실적인 약속을 만드는 것이 더 효과적입니다. 아이의 입장에서 아빠가 갑자기 방에 들어가는 행동에 대해 불안함을 느끼지 않을 수 있기 때문입니다. 이를 통해 아이는 아빠와의 관계에서 신뢰를 다시 찾고, 안정감을 느낄 수 있습니다.

★ 자기 회복 루틴의 중요성

아빠의 회복 루틴은 아이뿐 아니라 아빠 자신을 위한 것이기도 합니다. 자기 계발 작가 스티븐 코비(Stephen R. Covey)의 『성공하는 사람들의 7가지 습관』에서는 '자신의 감정과 행동을 관리할 수 있는 능력'을 성공의 필수 조건으로 강조합니다. 즉, 감정적으로 흔들린 후 빠르게 회복할 수 있는 능력은 아빠로서도, 한 인간으로서도 성장과 자기 계발의 핵심이 됩니다. 회복 루틴을 습관화하면 점점 더 빠르게 자신을 다잡고, 더 성숙한 반응을 보일 수 있게 됩니다.

★ 회복 루틴이라는 최고의 유산

아이에게 물려줄 수 있는 최고의 유산은 완벽한 모습이 아니라, '실패했을 때 다시 회복하는 방법'입니다. 아이들은 아빠가 실패를 어떻게 처리하고 극복하는지 지켜보며 배웁니다. 아빠가 회복 루틴을 능숙하게 사용할수록 아이들 역시 관계에서의 실수를 자연스럽게 인정하고 회복하는 방법을 터득하게 됩니다. 회복 루틴, 즉 '아빠의 리커버리 코드'는 완벽한 부모가 아니라 회복 가능한 부모가 되기 위한 가장 강력한 도구입니다. 이것을 삶에 적용하는 순간, 당신은 아이에게 관계에서의 '복구 능력'을 물려주는 좋은 아빠가 될 것입니다. 그리고 바로 이것이 진짜 성공적인 아빠의 모습입니다.

5. 아내와의 커플 리팩토링
: 부부 동기화의 중요성

　아빠로서 더 나은 존재가 되고 싶다는 마음이 들 때, 가장 먼저 함께 점검해야 할 대상이 있습니다. 바로 '아내'라는 평생의 동료이자 공동 개발자입니다. 아이를 함께 키우는 파트너인 아내와의 관계가 원활하지 않으면, 아빠가 아무리 좋은 코드(노력)를 작성해도 실행(현실)은 자꾸 에러가 발생할 수 있습니다. '부부 동기화'라는 개념을 통해, 어떻게 서로를 상태를 업데이트하고, 안정적인 가정환경이라는 운영체제를 만들어나갈 수 있을지에 대해 이야기하려고 합니다.

★ 부부도 '동기화(Sync)'가 필요합니다

프로그래밍에서 시스템을 안정적으로 유지하려면 데이터 간 정합성(synchronization)이 무엇보다 중요합니다. 서버와 클라이언트가 서로 엇박자 난 데이터를 가지고 있으면 충돌이 발생하듯, 부부의 생각과 감정이 계속 엇갈리면 일상에도 버그가 자주 발생할 수밖에 없습니다. 예를 들어 아이가 학교에서 문제를 일으켰다는 이야기를 들었을 때, 한쪽은 "조금 더 단호하게 훈육하자"라는 입장인데 다른 쪽은 "아직 어린데 이해해주자"라는 태도를 가지면 갈등이 눈덩이처럼 커지게 됩니다. 이런 경우에는 반드시 두 사람의 기준을 함께 조율해줘야 합니다. 부부는 서로 다른 개발 언어로 훈련된 두 시스템입니다. 자라온 환경, 감정 처리 방식, 갈등 해소 방식이 다를 수밖에 없습니다. 그렇기에 동기화가 필요하고, 그 과정은 지속적인 대화와 감정 공유를 통해 이루어져야 합니다.

★ '커플 리팩토링'이란?

리팩토링(refactoring)은 기존의 코드를 더 깔끔하고 효율적으로 만드는 작업을 말합니다. 기능은 그대로지만, 구조를 더 명확하고 유지 보수하기 쉬운 방식으로 바꾸는 것입니다. 부부 관계에서도 이 개념을 적용해볼 수 있습니다. 지금까지의 관계가 불안정했다면, 그것을 부정하거나 지우는 것이 아니라 과거를 인정하면서 다시 설계하고 구현하는 것입니다.

- 기존의 문제를 인정하고
- 서로의 의도를 파악하며
- 공동 목표(행복한 가정)를 기준으로 리디자인하는 것

이 과정이 바로 커플 리팩토링입니다. 안 좋은 감정이 많이 쌓이기 전에 정기적인 대화를 나누고, 역할 분담이 애매했다면 좀 더 명확하게 나누고, 오해가 반복된다면 소통의 방식을 바꿔보는 등의 행동 모두가 리팩토링입니다.

★ 선택이론의 관점에서 본 부부 갈등

미국 심리학자 윌리엄 글래서(William Glasser)의 선택이론(Choice Theory)은 인간의 모든 행동은 '자신이 원하는 것을 얻기 위해 선택한 결과'라고 말합니다. 부부 간 갈등도 결국 서로가 원하는 방식으로 사랑받지 못했을 때 생깁니다. 예를 들어 아내가 "요즘 나한테 관심이 없어"라고 말할 때, 그것은 단지 관심의 부재가 아니라 자신이 원하는 방식으로 애정을 받고 있지

않다는 표현일 수 있습니다. 선택이론에서는 이러한 갈등을 풀기 위해서는 서로의 욕구 체계(사랑과 소속, 힘, 자유, 즐거움, 생존)를 이해해야 한다고 말합니다.

따라서, 커플 리팩토링의 핵심은 다음 두 가지입니다.

1. 내가 원하는 것만 주장하지 않고, 상대가 원하는 것도 함께 고려하기
2. 상대가 나를 이해하길 바라는 만큼, 나도 상대를 먼저 이해하려 노력하기

이 두 가지는 관계의 데이터 충돌을 줄이고, 더 부드러운 소통을 가능하게 만들어 주는 시작점이 됩니다.

★ 자주 사용하는 '부부 동기화' 기술

이제 실질적인 도구와 루틴 몇 가지를 소개해드립니다. IT 기술처럼 부부 관계에도 적용해볼 수 있는 '협업 도구'라고 할 수 있습니다.

1. 주간 리뷰(Weekly Review)
- 매주 한 번, 차를 한잔하며 일주일을 돌아보는 시간을 가

집니다. 아이에 대한 이야기, 서로의 감정, 집안일 분담 등 서로 피드백을 주고받는 자리입니다.
- **예** : "이번 주는 내가 좀 예민했던 것 같아. 미안했어.", "아이 숙제는 이번 주부터 내가 챙겨볼게."

2. 감정 로그 공유하기
- 하루 중 감정이 크게 움직였던 사건을 짧게 나누어 봅니다.
- 단, 문제 해결이 목적이 아니라 '공유'가 목적입니다. "오늘 직장에서 스트레스받는 일이 있었어."라고 말하면, "그랬구나. 힘들었겠다."처럼 판단을 하지 않고 공감의 반응이 중요합니다.

3. 고마움 전송 API
- 하루에 한 번, 고마운 점을 구체적으로 말해보세요.
- **예** : "아침에 아이 도시락 싸줘서 고마워. 그 덕분에 내가 늦지 않았어."
- 이런 작은 피드백이 신뢰를 강화하는 '신뢰 은행'의 잔고로 축적됩니다.

4. 공동 목표 리마인드
- 가끔 아이가 잘 자라나는 모습을 보면서, "우리 이렇게 아

이 잘 키우는 게 너무 뿌듯하지 않아?" 하고 함께 자축해 보세요.
- 공동의 목표를 재확인하는 것은 부부의 관계가 하나로 묶여있음을 확인시키는 '하트비트(heartbeat)' 역할을 합니다.

★ 감정 처리기와 커플 리팩토링의 연동

앞서 다룬 4-1의 감정처리기 모듈과도 연결해보면 좋습니다. 나의 감정을 건강하게 처리하는 것도 중요하지만, 부부간 감정을 함께 처리하는 방법도 따로 설계되어야 합니다.

- 감정이 격해졌을 때, 당장 해결하기 위해 공격적인 표현을 하지 않고, 잠시 멈추는 '타임아웃' 루틴을 함께 정하면 도움이 됩니다.
- 서로 감정을 비폭력적으로 완전히 표현하고 후 다시 '재시작' 버튼을 누르는 습관은, 아이에게도 큰 본보기가 됩니다.

★ 좋은 부부 관계가 자녀에게 주는 선물

심리학자 존 가트맨(John Gottman)은 부부 사이의 갈등이 어떻게 해결되는지를 아이가 지켜보며 감정 조절 능력을 배운다고 말합니다. 즉, 부부가 충돌을 어떻게 해결하는지가 아이의 정서적 안전과도 직결된다는 이야기입니다. 아빠와 엄마가 서로를 존중하고 회복력 있게 문제를 풀어가는 모습, 이 자체가 아이에게 "우리 집은 안전한 곳"이라는 메시지를 전합니다. 그 신뢰가 아이의 자존감과 안정된 애착 형성의 기반이 됩니다.

★ 부부는 운영체제(OS)입니다

부부 관계는 단순한 두 사람의 만남이 아니라, 가정이라는 시스템의 핵심 운영체제입니다. 그 안에서 아이는 다양한 형태의 앱처럼 성장하고 실행됩니다. 운영체제가 불안정하면 앱도 불안정해지기 마련입니다. 그러니 아빠가 성장하고자 할 때, 반드시 아내와의 커플 리팩토링을 함께 고민해주셨으면 합니다. 둘이 하나의 팀이 되어, 함께 더 나은 버전으로 업데이트되기를 응원합니다. 우리 아이에게는 버그 없는 사랑과 안정이 가장 좋은 환경이기 때문입니다.

5장

일상 속 구현
: 실행 가능한 루틴 만들기

"어떤 루틴이 작동하지 않을 때는,
의지가 약해서가 아니라
설계가 잘못되었을 가능성이 큽니다."

1. 루틴 설계
: 매일 실행되는 작은 습관

★ **루틴은 아빠라는 역할을 실행하는 '자동 실행 스크립트'**

컴퓨터 프로그램도 그렇지만, 인간의 뇌도 반복되는 행동을 자동화하려는 성향이 강합니다. 특히 뇌는 기본 활동모드가 절전모드입니다. 새로운 것을 하려면 많은 에너지와 노력이 필요합니다. 그렇기 때문에 반복을 통해 에너지를 아끼고, 뇌의 인지 자원을 다른 데 쓰기 위해서는 정형화된 루틴으로 만드는 것이 필요합니다. 좋은 습관이 자리 잡히면, 그것은 '에너지 절약형 실행 파일'처럼 작동합니다. 반대로 나쁜 습관은 '메모리 잡아먹는 악성 코드'처럼 몰래 실행되며 일상을 좀먹습니다.

아빠로서의 루틴을 설계한다는 것은, 매일매일 나의 역할을 '잊지 않고 실행되도록' 만드는 자동화 스크립트를 짜는 일입니다. 정신없이 바쁜 하루 속에서도 아빠 모드가 자연스럽게 실행될 수 있도록 하는 것입니다.

★ "작고 반복 가능한 것"이 핵심

많은 아빠들이 처음부터 너무 거창한 계획을 세우다 지쳐버리곤 합니다. 예를 들어 본다면 "매일 아이와 1시간 독서하기", "매주 가족 여행 가기"와 같이 시간과 노력이 많이 필요한 목표를 세우기도 합니다. 목표를 세우는 것은 그렇지 않은 것보다 가치 있는 일입니다. 그렇지만, 이런 원대한 목표는 유지하기가 어려울 수도 있고 실패하면 자책으로 이어지기 쉽기 때문에 목표 설정은 중요한 부분입니다. 그렇기 때문에 루틴 설계에서 가장 중요한 원칙은 "작고 구체적이며 반복 가능한 행동부터 시작하기"입니다. 자기 계발 이론 중 제임스 클리어의 『Atomic Habits(아주 작은 습관의 힘)』에서도 강조하는 부분입니다. 그가 말하길, 변화는 한 번에 일어나는 게 아니라 매일 1%씩의 개선이 쌓여 어느 순간 도약으로 나타난다고 했습니다.

★ 실전 예시 : 아빠 루틴 모듈 만들기

다음은 아빠가 일상 속에서 쉽게 실천할 수 있는 루틴 예시입니다. 각 항목은 '트리거 → 행동 → 피드백' 구조로 설명할 수 있습니다.

기상 직후, 가족에게 인사하기

- **트리거** : 눈을 떴을 때
- **행동** : 아내에게 "잘 잤어?" 한 마디, 아이에게 "좋은 아침~ 오늘도 멋진 하루 보내자!" 말해주기
- **피드백** : 가족의 표정이 밝아짐. 내가 오늘 첫 따뜻한 말을 건넨 사람이 되는 만족감

퇴근 후 10분, 아이의 하루 듣기

- **트리거** : 현관문을 열고 들어왔을 때
- **행동** : 가방 내려놓기 전에 아이에게 "오늘은 어땠어? 뭐 재밌는 일 있었어?" 물어보기
- **피드백** : 아이가 말하고 싶어 한다면 집중해서 들어주기, 아니면 "알겠어~ 쉬고 싶을 때 말해줘"라고 배려하기

잠들기 전, 감사 한 줄 쓰기

- **트리거** : 핸드폰 충전기 꽂기
- **행동** : 오늘 가장 고마웠던 일이나 마음이 따뜻해진 순간을 메모장 앱이나 노트에 한 줄 쓰기
- **피드백** : 하루를 긍정적으로 마무리하면서 나의 감정 캐시 정리까지 완료

이처럼, 루틴은 거창할 필요가 없습니다. 매일 반복할 수 있을 만큼 작고, 내 일상 속에 이미 존재하는 동작과 연결하는 것이 포인트입니다.

★ '작동하지 않는 루틴'의 점검 방법

어떤 루틴이 작동하지 않을 때는, 의지가 약해서가 아니라 설계가 잘못되었을 가능성이 큽니다. 심리학자 B.J. 포그의 행동 설계 이론에 따르면, 행동이 일어나려면 세 가지 조건이 동시에 충족되어야 합니다. 동기(Motivation), 능력(Ability), 트리거(Trigger)입니다. 이 중 하나라도 빠지면 실행을 하는 것은 어렵게 느껴집니다. 예를 들어 "매일 퇴근 후 아이와 보드게임 하기"라는 루틴을 세웠는데, 너무 피곤해서 자주 실패한다면, 이건 '능력' 조건이 충족되지 않아서입니다. 그렇다면 "주 2회만 하기", "게임이 아닌 짧은 대화로 대체하기"처럼 난이도를 낮추

거나, 조건을 바꿔주는 리팩토링이 필요합니다.

★ 가족 루틴과의 연동 : '가정용 API 설계'처럼

아빠 혼자만의 루틴도 중요하지만, 가족 구성원 간에 연결되는 루틴이 있다면 효과는 훨씬 커집니다. 마치 프로그램에서 API(Application Programming Interface)를 잘 설계해서 서로 소통이 원활하게 되는 것과 비슷합니다.

예를 들면, 이런 겁니다.

- 아빠가 저녁 식사 후 5분, 아이와 같이 책 한 페이지 읽기
- 매주 금요일 저녁은 가족 영화 보는 날로 정하고, 아이가 영화를 고르게 하기
- 일요일 저녁은 아내와 커피 마시며 이번 주 루틴 점검하기 (이건 '부부 리팩토링'에도 좋습니다)

이와 같은 공동 루틴은 서로의 일상에 관심을 갖게 만들고, '우리는 연결되어 있다'는 안전한 정서적 기반을 마련해줍니다. 선택이론 심리학에서도 말하듯, 사람은 소속감을 느끼는 관계 안에서 가장 안정되고, 동기부여도 잘 된다고 합니다.

★ 루틴을 기록하자 : '내 일상의 로그파일' 만들기

개발자라면 익숙하시겠지만, 프로그램이 제대로 작동했는지 확인하려면 로그 파일이 필요합니다. 루틴도 마찬가지입니다. 내가 무엇을 꾸준히 하고 있는지, 어떤 날에는 실패했는지 기록으로 남겨야 흐름을 명확하게 알 수 있습니다.

이를 위해 다음과 같은 방법을 추천합니다.

- **체크박스 플래너** : 매일 아침 또는 저녁, 3가지 루틴을 체크할 수 있는 종이 혹은 앱 활용
- **루틴 전용 캘린더** : 벽에 붙여놓고 눈에 잘 보이도록 표시
- **가족 루틴 보드** : 냉장고에 붙이는 화이트보드도 좋습니다. 아이가 참여하면 더 재밌어요!

실패해도 괜찮습니다. 루틴은 다시 시작하면 됩니다

마지막으로 강조하고 싶습니다. 루틴은 한 번 실패했다고 끝나는 것이 아닙니다. 루틴이 실패하는 날이 있더라도, 다시 돌아올 수 있도록 설계하는 것이 중요합니다. 자책으로 스스로를 몰지 않고, 다시 일어나는 힘이 필요합니다. 시스템으로 말하자면 '롤백 기능(Undo)'이 내장되어 있어야 하는 것과 비슷합니다. 아이와의 관계에서, 또는 아내와의 대화에서 '오늘도 놓쳤다'는

자책이 들 수 있습니다. 그럴 때는 이렇게 생각해보는 것을 추천합니다.

"오늘은 작동 오류가 났지만, 내일 다시 빌드해서 실행하면 돼."

이런 마음이야말로, 버전 2.0 아빠의 가장 중요한 핵심 모듈입니다.

2. 시간 관리
: 멀티태스킹 대신 스케줄링

　시간은 누구에게나 공평하게 주어지는 자원이지만, 그 시간을 어떻게 사용할지는 완전히 개인의 선택과 몫입니다. 여기서 하나 더 중요한 것이 있습니다. 바로 에너지입니다. 시간은 일정하게 흐르지만, 나의 에너지는 일정하지 않기 때문입니다. 하루 24시간 중 어느 시간대에 혹은 어느 상황에서 가장 활력이 넘치는지, 반대로 언제 가장 피곤하시고, 집중력이 흐트러지는지 알고 있는 것이 중요합니다.

　많은 아빠들은 직장에서 돌아온 후에도 집에서 해야 할 일들이 쌓여 있습니다. 아이와 놀아주기, 숙제 봐주기, 아내와 대화하기, 때로는 집안일 등 이런 상황에서 한 번에 여러 가지를 수행할 수 있을 것 같아 보이는 멀티태스킹이라는 유혹이 슬며시 다가옵니다. 퇴근 후 TV를 보며 스마트폰으로 업무 메신저를 확인하고, 동시에 아이가 묻는 질문에 대충 대답하는 상황, 혹시 익숙한 모습인가요? 하지만 뇌 과학적으로 봤을 때, 멀티태스킹은 '동시에 여러 일을 잘 해내는 기술'이 아니라 '한 번에 여러 일을 모두 느리게 망치는 방법'이라는 것이 정설이라고 알려져 있습니다. 뇌는 한 번에 한 가지 일만 온전히 처리할 수 있고, 전환이 반복될수록 에너지가 급속도로 소모된다는 연구 결과들이 이를 뒷받침합니다. 따라서 아빠에게 필요한 건 시간표처럼 움직이는 스케줄링 기술과 그 시간에 사용할 수 있는 에너지의 효율적 분배입니다.

★ 1. 시간 vs 에너지 : 무엇이 더 중요할까?

시간을 관리하는 기술은 비교적 익숙하실 겁니다. 어린 시절부터 동그란 원을 그리고 시간표를 작성하는 것부터 시간 관리의 시작이었습니다. 인터넷 캘린더에 일정을 적고, 알람을 맞추고, 할 일 리스트를 만드는 것 등입니다. 아무리 일정이 잘 짜여 있어도, 그 시간에 에너지가 없으면 아무 소용이 없습니다. 예를 들어, 하루 중 가장 지치는 밤 10시에 아이와 진지한 대화를 나누는 시간을 잡아두었다면 어떨까요? 대화는 형식적으로 흐르고, 피로에 짜증이 더해져 불필요한 감정 충돌이 일어날 수 있습니다. 그래서 필요한 건 시간과 에너지의 조합입니다. 이 개념은 〈하버드 비즈니스 리뷰〉에서 소개된 '에너지 매니지먼트' 이론에서도 강조되는 부분입니다. 단순히 시간이라는 물리적 단위를 쪼개는 것이 아니라, 나의 생리적, 감정적, 정신적 에너지 흐름을 고려한 계획을 세우는 것이 핵심입니다.

★ 2. 하루 에너지 맵 그리기

우선 자신의 에너지 흐름을 파악해보는 것이 필요합니다. 예를 든다면 다음과 같이 나눠볼 수 있습니다.

- **오전 7~10시** : 가장 집중력 좋고 상쾌함
- **오후 2~4시** : 졸음이 쏟아지는 피로 구간
- **저녁 6~8시** : 가족과의 교류에 적합한 편안한 에너지

위와 같이 나의 하루 에너지 맵을 그려놓고, 중요한 가족과의 시간이나 나만의 리커버리 타임을 이 구간에 맞춰 배치한다면, 단순한 시간표보다 훨씬 효과적인 루틴이 완성됩니다.

★ 3. 태스크 매칭 : 어떤 일에 어떤 에너지를 배분할까?

선택이론의 창시자 윌리엄 글래서는 사람은 자신의 욕구를 충족시키기 위해 행동을 선택한다고 말했습니다. 그리고 그 욕구를 충족시키는 데 필요한 자원이 바로 시간과 에너지입니다. 그렇지만 이 시간과 에너지는 무한하지 않기에 무엇에, 언제, 어느 정도 에너지를 배분할 것인가는 매우 중요한 선택의 문제가 됩니다.

- **집중력이 필요한 일** : 에너지가 가장 높은 시간대에 배치
- **반복적이고 단순한 일** : 낮은 에너지 시간대에 배치
- **감정 소통이 필요한 가족 대화** : 감정적으로 안정된 시간에 배치

아이와의 놀이도 단순히 '시간을 낸다'는 개념이 아니라, '좋은 에너지'를 담은 시간이 되어야 효과적입니다. 아이는 아빠의 표정, 눈빛, 목소리에서 에너지의 수준을 알아차릴 수 있기 때문입니다.

★ 4. 작은 리듬의 반복 : 시간+에너지 루틴 만들기

시간과 에너지를 동시에 고려한 루틴을 만들기 위해서는 작은 반복을 기반으로 한 계획이 필요합니다. 개발 용어로 표현하자면 하루 루틴은 아래와 같은 '미니 루프(loop)'입니다.

- **출근 전 15분** : 나만의 에너지 업 루틴 (스트레칭, 짧은 감사 일기 등)
- **퇴근 후 20분** : 휴대폰 OFF + 1:1 아이와 놀이
- **밤 10시 이후** : 에너지 회복을 위한 나만의 시간 (책, 명상, 아내와 대화)

이러한 방식의 작고 실현 가능한 루틴이야말로 스케줄과 에너지를 함께 최적화하는 기술입니다. 대단한 계획보다 중요한 것은 사소하더라도 반복이 가능한 실행입니다.

★ 5. 실패했을 때

혹시 계획대로 안 됐다고 자책하지 않아도 됩니다. 자책은 같은 실수를 반복하게 만드는 블랙홀과도 같기 때문입니다. 그리고 우리 삶은 늘 예상치 못한 변수로 가득 차 있습니다. 중요

한 것은 실패했을 때 다시 시도할 수 있는 구조를 만들어두는 것입니다. 이건 프로그래밍으로 말하면 에러를 명시적으로 처리해주는 트라이-캐치(Try-Catch) 구문과도 같습니다. 예를 들어, 아이와 저녁 시간을 보내지 못했다면, 다음 날 아침 10분을 조용히 대화하는 시간으로 대체해도 됩니다. 무엇보다 중요한 것은 양보다 질, 그리고 지속성입니다.

아빠의 시간 관리는 단순하게 시간을 쪼개서 분배하는 스케줄링의 문제가 아닙니다. 아빠의 에너지가 제한되어 있다는 것을 직시하는 것이 필요합니다. 그리고 제한된 에너지를 잘 관리하면서 적재적소에 분배하는 지혜가 핵심입니다. 이러한 에너지 관리는 한 번에 성공하기는 어려울 것입니다. 실패를 하더라도 잊지 말아야 할 것은 한가지입니다. 지금의 실패와 좌절은 성공하기 위한 밑거름이라는 것을 기억하는 것입니다. 실패를 마주하였을 때 자책보다는 개선을 선택하는 것이 필요합니다. 개선을 선택하는 것은 더 좋은 아빠가 되는 성장의 디딤돌이라는 것을 믿고 나아가는 것입니다. 에너지를 관리하면서 소중한 사람들과 의미 있고 깊은 연결을 만들어가야, 아빠라는 역할도 잘 짜인 프로그램처럼 제대로 작동할 수 있습니다.

3. 아이와의 일대일 통신 채널 유지하기

아이와의 관계에서 가장 중요한 요소 중 하나는 소통입니다. 스마트폰과 인터넷이 일상이 된 요즘, 아빠와 아이의 소통 역시 IT 시스템에서의 '1:1 채널' 통신과 비슷합니다. IT 시스템에서 1:1 채널이란 다른 정보나 노이즈가 끼어들지 않고, 데이터가 직접 전달되는 독립적인 통신 경로를 말합니다. 이 독립적인 통신은 아빠와 아이의 관계에서도 중요합니다.

아빠가 되었다는 것은 많은 채널을 동시에 관리해야 하는 서버가 된 것과 비슷하다고 볼 수 있습니다. 아이가 태어나기 전에는 아내와 직장, 그리고 취미 생활 정도의 채널을 유지하는 것으로도 큰 문제가 없었습니다. 그리고 아이와는 다르게 모두가 성인이라는 특징 덕분에 큰 에너지의 소모가 적을 수 있었습니다. 반면에 아이가 태어난 후에는 직장, 가정, 부부 관계, 개인적인 취미 등 많은 역할과 책임에 덧붙여서 아빠와 아이라는 책임의 한계가 없는 관계가 생기는 것입니다. 그리고 아이가 자랄수록 아이와의 소통 채널은 생각보다 쉽게 닫히거나 느슨해지기 쉽습니다. 그렇다면 이 중요한 채널을 어떻게 유지하고 튼튼하게 만들 수 있을까요? 아이와의 소통 채널에서 핵심은 바로 1:1이어야 합니다. 가족 전체가 함께 모이는 시간도 중요하지만, 반드시 아이 한 명 한 명과 독립된 관계를 유지해야 합니다. 마치 각각의 클라이언트와 독립적인 연결을 맺고 통신하는 서버의 개념을 떠올리시면 좋습니다. 아이가 여럿이라면 각각의 아이와 개별적인 채널을 열어야 합니다.

선택이론에 따르면, 인간은 다섯 가지 기본적인 욕구를 가지고 있습니다. 바로 생존, 사랑과 소속, 힘, 자유, 재미입니다. 그중에서도 특히 '사랑과 소속'은 아이에게 가장 중요한 욕구이며, 부모가 그것을 얼마나 잘 채워주느냐에 따라 아이의 자존감과 안정감이 달라집니다. 아이가 사랑받고 있고 소속되어 있다는 감정을 느끼기 위해서는, 부모가 오롯이 아이만을 바라보는 '전용 시간'이 필수적입니다. 긴 시간을 함께하는 것이 어렵다면, 하루에 10분이라도 아이에게 온전히 집중해서 밀도 있는 시간을 만드는 것이 매우 중요합니다. 그렇지만 실제로 아빠들이 일대일 시간을 만들기가 쉽지 않습니다. 아이와 마주하더라도 무슨 이야기를 꺼내야 할지 막막하게 느껴질 수 있습니다. 기껏 앉았는데, 학교 시험 이야기를 하거나, 공부 이야기를 하는 것은 오히려 관계에 부정적인 영향을 끼칠 수 있습니다. 마치 시스템에 채널은 열어두었는데 서로 교환할 데이터가 없는 상태와 비슷합니다.

이때 효과적인 방법으로 '애자일(Agile) 방법론'을 생각해보면 좋습니다. 애자일 개발 방법론은 복잡한 소프트웨어 개발 과정에서 사용되는 방식을 말합니다. 애자일 방식의 핵심은 처음부터 완벽한 계획을 세우는 것이 아니라, 작은 목표 설정과 달성을 짧은 주기로 반복합니다. 그리고 팀원들끼리 자주 피드백을 주고받아 개선하는 방식입니다. 이것을 아이와의 관계에 적용하면, 매일 작고 간단한 대화를 통해 관계를 조금씩 발전시킬 수 있습니다. 예를 들어, 아이와 매일 자기 전에 5분씩 하루 동안 있었던 일 중 가장 좋았던 순간과 가장 힘들었던 순간을 나누는 겁니다. 이것은 '하루 피드백 미팅'처럼 생각할 수 있을 것입니다. 대화를 반복하다 보면 아이는 점차 자신의 감정을 표현하는 데 익숙해지고, 아빠 역시 아이의 감정의 변화와 성장의 속도를 더욱 민감하게 느낄 수 있습니다.

개발 세계에서 말하는 '푸시(push)'와 '풀(pull)' 방식의 소통도 중요합니다. 푸시는 그 뜻처럼 내가 주동적이 되어 먼저 표현하는 것입니다. 즉, 내가 원하는 정보를 아이에게 전달하는 것을 말합니다. 반면에 풀은 당긴다는 뜻과 같이 아이가 스스로 원할 때 아빠에게 정보를 요청할 수 있도록 돕는 것입니다. 아이는 성장하면서 점점 독립적이 되고, 항상 아빠가 원하는 시간에 원하는 방식으로 대화하지 않을 것입니다. 그렇기에 아이 스스로 편하게 다가올 때, 환영받는다는 느낌을 받을 수 있도록 문을 열어두는 '풀 방식'도 반드시 준비해야 합니다. 이 풀 방식을 준비하기 위해서는 아이가 편하게 말할 수 있는 환경이 조성되어야 합니다. 아이가 말할 때 어떤 말을 하더라도 일단 끝까지 듣고, 비판하거나 바로잡으려 하지 않고 진심 어린 경청의 태도를 가져야 합니다. 예를 들어, 아이가 학교나 친구 관계에 대해 힘들다고 얘기할 때, 먼저 공감해 주고 '그랬구나, 정말 힘들었겠다'라고 아이의 감정을 받아주는 것입니다. 비폭력 대화(NVC)의 창시자 마셜 로젠버그는 "공감은 상대의 감정을 듣고 이해하는 것이며, 판단하지 않고 연결하는 것"이라고 말합니다. 부모와의 관계에서 아이가 자기 감정을 안전하게 표현할 수 있다고 느낀다면, 아이는 평생의 정서적 안전망을 가지게 되는 셈입니다.

이제 또 한 가지는 '규칙적이고 꾸준한 채널 유지'입니다. 아무리 성능이 뛰어난 IT 시스템도 한 번의 연결로 모든 데이터를 처리할 수는 없습니다. 시스템을 정기적으로 체크하고 유지보수하는 것처럼, 아이와의 채널 역시 정기적으로 확인하고 유지보수가 필요합니다. 그래서 1:1 소통은 특별한 이벤트가 아니라, 일상 속의 루틴으로 만드는 것이 중요합니다. 1:1 소통을 작은 습관으로 만드는 것이 중요합니다. 예를 들어, 아이와 함께 하는 짧은 산책, 주말에 함께 만드는 쉽고 간단한 요리, 매주 토요일 아침의 둘만의 간식타임과 같이 쉽고 가벼운 것으로 시작하면 됩니다. 중요한 것은 이런 루틴이 '아이와 아빠만의 특별한 약속'이라는 느낌을 가질 수 있도록 하는 것입니다.

마지막으로, 성장 마인드셋(캐롤 드웩)에 따르면, 아이에게 중요한 것은 완벽한 부모가 아니라 노력하고 성장하는 부모의 모습을 보여주는 것입니다. 아이와 소통이 의도와 다르게 잘 되지 않을 때도 있을 것입니다. 때로는 의도와 다르게 서로 감정이 상할 때도 있을 겁니다. 그럴 때는 솔직히 아이에게 인정하고 사과하며 다시 시도하면 됩니다. '아빠가 실수했어. 미안해. 다시 이야기할 수 있을까?'라는 말이 아이에게 오히려 진정한 소통의 시작이 될 것입니다. 부모는 완벽할 수 없습니다. 이 한계점을 인정하는 것이 필요합니다. 그리고 중요한 것은 내가 끊임없이 채널을 점검하고 유지 보수하며, 아이가 언제든 나와 소통할 수 있도록 안정된 연결을 유지하는 것입니다. 아빠라는 역할은 지속적으로 업데이트하고 버전을 업그레이드해야 하는 프로젝트입니다. 아이와의 관계는 '완료'가 아니라 '진행 중'입니다. 아이와의 소통을 시스템의 핵심 채널로 유지하면서, 아빠로서의 성장을 아이와 함께 이루어나가길 응원합니다.

4. 실행 실패 시
: 롤백과 리트라이 전략

    일상에서 아무리 잘 짜인 루틴과 계획을 세워도 실패는 반드시 발생합니다. 중요한 것은 실패 자체가 아니라, 그 실패를 어떻게 보느냐입니다. 프로그래머라면 익숙한 단어, 롤백(Rollback) 혹은 실행 취소(Undo)와 리트라이(Retry) 또는 다시 실행(Redo) 전략을 아빠의 삶에 그대로 적용해볼 수 있을 것입니다.

    실패는 오류가 아니라, 학습 로그입니다. 먼저, 실패를 바라보는 시선부터 바꿔야 합니다. 아빠들은 '남자는 강해야 한다'는 고정적인 성역할에 익숙한 것이 보통입니다. 따라서 실패를 인정하는 것은 강하지 못한 남자가 되는 것이기 때문에 실패를 인정하는 것보다는 부정하는 것에 더 익숙한 환경이었습니다.

하지만, 실패는 "내가 잘못됐다"라는 오류가 아니라, 오늘 행동한 것에 대한 로그일 뿐이라는 것을 기억해야 합니다. 에러 로그가 있어야 버그를 고칠 수 있습니다. 아무런 로그가 없다면, 무엇이 잘못되었는지, 무엇이 잘 실행되고 있는지를 알 수가 없습니다. 실패는 끝이 아니라는 것입니다. 오늘의 실패가 있어야 내일의 개선이 가능합니다.

예를 들어 본다면, 이런 상황입니다.

"오늘도 아이에게 화를 내고 말았어."라는 실패한 감정이 들었습니다. 이것을 단순한 감정적인 후회와 자책으로 끝낸다면 내일도 같은 행동을 하면서 같은 후회와 자책을 할 가능성이 높아집니다. 이 감정이 드는 것은 아빠로서 중요한 디버깅 포인트입니다.

이럴 때 다음과 같은 실패 로그 기록법을 사용해보는 것이 좋습니다.

1. 무슨 상황이었는가?
2. 어떤 감정이 들었는가?
3. 어떤 생각이 스쳐갔는가? (자동화된 스크립트)
4. 어떻게 반응했는가? (버전 1.0의 반응)
5. 다시 기회가 있다면 어떻게 하고 싶은가? (버전 2.0의 대응 시뮬레이션)

이 과정을 반복하고 습관화하면, 실패는 두려움이 아니라 아이와의 관계를 개선시킬 수 있는 새로운 기회가 됩니다.

★ 롤백 전략 : 감정 리셋과 관계 회복

롤백(Rollback) 혹은 실행취소(Undo)는 시스템에서 문제가 생겼을 때 정상 작동하던 상태로 되돌리는 것을 의미합니다. 아빠의 삶에도 이 기능이 꼭 필요합니다. 예를 들어 아이에게 소리를 질렀다면, 그 행동을 한 직후 롤백이 가능한 타이밍이 있습니다. 그 시간이 지나가면 로그는 지나치게 흘러가 버리고, 복구는 점점 더 어려워집니다.

롤백 전략은 다음과 같은 세 단계로 구성됩니다.

1. 즉시 정지 :

"아, 미안. 지금 말투가 너무 날카로웠네."

이 말은 버그가 발생했을 때 'Alt+F4'를 누르는 것과 같습니다. 일단 종료하는 것이 필요합니다.

2. 감정 분리 :

잠깐 자리를 비우거나, 물을 마시며 감정을 식히는 시간이 필요합니다.

이 행동은 날카롭게 날이 선 감정을 재부팅하는 시간입니다. 잠시 현장을 떠나서 심호흡을 하는 것만으로도 감정을 많이 가라앉힐 수 있습니다.

3. 다시 연결 :

"아까 아빠가 화내서 놀랐지? 아빠가 지금 다시 얘기하고 싶어."

이렇게 말하며 아이와의 연결선을 복원합니다.

롤백의 핵심은 신속하고 정직한 태도입니다. 실수보다 더 중요한 건 실수를 인정하는 용기입니다.

★ 리트라이 전략 : 반복은 실패가 아닌 성장입니다

리트라이(Retry)는 실패한 작업을 조건을 수정하여 다시 시도하는 것을 말합니다. 아빠의 루틴도 그렇습니다. 아이와 대화하는 루틴, 감정 조절하는 습관, 아내와의 저녁 산책 등 처음부터 잘 되는 경우는 거의 없습니다. 옛말에 "밥 한술에 배부르랴"라는 말이 있는 것도 같은 이치입니다. 첫 시도에 실패했다고 해서, 그 루틴 자체가 잘못된 건 아닙니다. 그저 실행 조건이 맞지 않았던 것일 수 있습니다. 그렇기 때문에 실패는 끝이 아니라고 이야기하는 것입니다.

예를 들어, "매일 아침 아이에게 따뜻한 말을 해줘야지!"라는 루틴이 일주일도 안 되어 무너졌다면, 이렇게 리트라이 할 수 있습니다.

- 아침이 너무 바쁘다면? 잠들기 전 루틴으로 바꾸는 것입니다.
- 말로 하는 게 어색하다면? 포스트잇에 글귀를 써서 책상 위에 놓는 방식으로 바꿔봅니다.
- 잊어버릴 때가 많다면? 핸드폰 알림 등의 기능을 써서 스스로에게 리마인드 합니다.

이러한 일련의 개선작업은 루틴의 재설계(Refactoring)입니다. 자기 계발 이론 중 아토믹 습관(Atomic Habits)에서 말하는 것처럼, "루틴의 성공은 의지가 아니라, 설계에 달려 있다"라는 것과 같은 원리입니다.

★ 선택이론으로 바라보는 실패의 위치

선택이론에서는 인간의 모든 행동은 자신의 욕구 충족을 위한 선택이라고 설명합니다. 아빠의 분노, 아이의 반항, 아내와의 말다툼 모두 그 순간 최선이라 여긴 선택의 결과입니다. 그렇기에 실패를 단순하게 감정의 폭발로만 보지 않고, 욕구 충족에 실패한 신호로 보는 것이 중요합니다.

아빠가 화를 낸 상황을 선택이론으로 해석하면 이렇게 됩니다.

- **욕구** : 존중 받고 싶음, 피로 회복
- **현실** : 아이가 숙제를 안 해서 반복 지적
- **반응** : 감정 폭발 (기대 미달 → 분노 선택)
- **해결** : 존중 욕구를 채울 수 있는 새로운 전략 필요

이러한 방식으로 분석하고 대응 전략을 수정하면, 같은 실패를 반복하지 않고 진짜 리트라이가 가능해집니다. 앞서 이야기한 것과 같이 한 번에 완벽에 가까운 성공을 거두기는 어렵습니다. 그렇지만, 포기하지 않고 지속적으로 옳은 방향으로 수정을 해 나가는 것이 핵심이라는 것을 꼭 기억해야 합니다.

★ 실패를 매뉴얼로 바꾸는 법

마지막으로 드리고 싶은 제안은 "실패 기록 매뉴얼"을 만들어 보는 것이 필요합니다. 간단한 메모앱이든, 종이 노트든 기록 매체가 중요한 것은 아닙니다. 실패한 순간을 적고, 그 원인

과 대안을 한 줄씩만 써보세요.

> 4/5 저녁 : 숙제를 9시가 넘었는데 안 했다는 상황에 화 냈다.
> → 회사에서 많이 시달려서 피곤한 상태였음. 내 감정을 정리하기 전에 말을 꺼냈다.
> → 다음에는 5분 정도 편하게 쉬고 이야기를 해보자.

이러한 실패 로그가 쌓이면, 더 이상 실패의 흔적이 아니라 지혜의 데이터베이스입니다. 프로그래머는 로그를 남기고, 아빠는 일기를 남기면 됩니다.

실패를 중단의 신호로 받아들이는 순간, 자기 계발도, 아빠로서의 성장은 멈출 수밖에 없습니다. 반면에 실패를 나를 바꾸고 개선할 수 있는 리팩토링의 기회로 바라본다면, 우리는 매일 조금씩 더 나은 아빠로 업데이트할 수 있습니다. 실패가 많을수록, 그만큼 시도하였다는 뜻입니다. 시도하는 만큼 배울 수 있는 것이 많아진다는 것입니다. 끊임없이 시도하고, 롤백하고, 리트라이하며 조금씩 바꿔 갈 수 있습니다. 그러나 분명하게 버전 2.0의 아빠가 되어가는 선택을 반복하고 있다는 증거입니다.

6장

성장과 업데이트
: 아빠도 계속 배워야 한다

"코칭은 것은 부모의 권위를 낮추는 것이 아니라, 아이의 주체성과 잠재력을 존중하며 이끌어주는 성숙한 소통 방식입니다."

1. 업데이트 주기
: 아빠도 학습이 필요하다

　학습은 단순히 학교에서 끝나는 것이 아닙니다. 회사에서 업무를 배우기 위해 필요한 지식만을 의미하지도 않습니다. 혹은 유튜브에서 DIY 방법을 찾아보는 순간에만 해당하는 것도 아닙니다. 학습은 우리 삶의 모든 순간에 스며들어 있으며, 끊임없이 이어져야 할 과정입니다. 특히 부모로서, 그리고 아빠라는 역할을 맡고 있는 사람이라면 학습은 더욱 중요한 의미를 가집니다. 아빠라는 역할은 한 번 설치하고 끝나는 소프트웨어가 아닙니다. 마치 스마트폰의 앱처럼, 정기적으로 업데이트가 필요합니다. 그 이유는 간단합니다. 아이는 매일 자라고, 세상도 끊임없이 변화하기 때문입니다. 고정된 버전으로는 아이의 마음을 이해할 수도 없고, 시대가 요구하는 부모의 역할을 제대로 감당할 수도 없습니다. 이러한 맥락에서 학습은 단순히 새로운 지식을 얻는 것을 넘어, 자기 자신을 점검하고 변화하는 환경에 적응하는 능력을 키우는 과정입니다. '나는 여전히 배우는 사람인가?'라는 질문은 단순한 회상이 아니라, 우리 삶에 대한 중요한 자기 성찰이 될 수 있습니다. 부모로서, 특히 아빠로서 이 질문에 대해 진지하게 고민해본다면, 아이와 함께 성장하며 더 나은 관계를 만들어갈 수 있는 길이 열릴 것입니다. 삶과 역할 속에서 학습을 어떻게 받아들여야 할지에 대한 고민은 단순히 개인적인 문제를 넘어 가정과 사회 전체에 영향을 미칩니다. 지금 이 순간에도 우리는 배우고 있고, 배워야 하는 이유를 찾아야 합니다. 이는 단순히 지식을 쌓기 위한 것이 아니라, 더 나은 부모, 더 나은 인간으로 성장하기 위한 필수적인 과정입니다.

★ 배우는 아빠가 되는 것이 왜 중요할까?

초등학생 아이와의 대화는 간단합니다. "오늘 뭐 했어?", "밥 먹었어?" 정도의 단순한 대화면 충분하게 느껴질 수 있습니다. 아이 역시 단순한 주제만으로도 아빠와 충분한 교감을 느낄 수 있다고 느끼는 시기이기도 합니다. 하지만 중학생이 되면, 감정과 생각이 더 복잡해지고, 친구 관계나 진로에 대한 고민이 시작됩니다. 이때 아빠가 어린아이를 대하듯이 '예전 방식'으로만 접근하면, 아이는 "아빠랑은 얘기해봤자 소용없어"라고 생각하기 쉽습니다. 지금의 엄마 아빠가 자라던 시기는 "부모 말을 듣는 것은 당연하다"라는 문화였습니다. 지금은 예전보다 훨씬 수평적인 관계를 중요시하는 시대입니다. 자녀는 나와 다른 '세대'이며, 그들의 언어와 문화를 이해하려면 업데이트가 필요합니다. 예를 들어, 아이가 "이거 짤 봤어?"라고 했을 때 "짤이 뭐야?"라고 묻는 것과, "그거 밈이지? 재미있네."라고 반응하는 것의 차이는 분명 다를 것입니다. 배우는 사람은 늙거나 도태되지 않습니다. 학습은 단순한 지식 습득을 넘어, '나는 발전 중이고 성장하는 사람이다'라는 자각을 줍니다. 아빠의 자존감은 바로 이런 느낌에서 나옵니다.

★ 선택이론과 함께하는 아빠 업데이트 전략

선택이론에서는 인간의 행동은 전적으로 자신의 선택이며, 그 선택은 다섯 가지 기본 욕구(사랑/소속, 힘, 자유, 즐거움, 생존)를 충족시키기 위한 것이라고 말합니다. 아빠로서 배우고 성장하는 것도 결국, 위의 다섯 가지 기본 욕구를 충족시키기 위한 노력들입니다. 아이와 더 가까워지고 싶기 때문이고, 유능함을 느끼는 삶, 더 유연한 마음으로 삶을 즐기는 것, 함께 배우고 성장하는 욕구 이 모든 것들과 함께 하는 것이라고 할 수 있습니다.

이제 아빠도 학습의 방향을 스스로 선택해야 합니다. 아이에게 '넌 공부나 해!'라고 하기 전에, 내가 먼저 배우고 있는 모습, 변화하는 모습을 보여주는 것이 아이에게는 백 마디의 말보다 강력한 메시지가 됩니다.

바쁜 일상 속에서 실천할 수 있는 학습 루틴은 다음과 같습니다.

첫째, '1일 1인사이트'를 실천하기입니다. 하루에 하나씩 새롭게 배우고 이를 실천하는 습관을 들이는 것입니다. 예를 들어, "아이가 요즘 좋아하는 게임 이름이 뭘까?"를 검색해보거나, "사춘기 아이의 뇌 구조는 어떻게 변할까?"와 같은 칼럼을 읽어보는 것처럼 작은 호기심을 채우는 습관을 만들어가는 것입니다. 이러한 습관을 통해 매일 새로운 인사이트를 얻을 수 있습니다.

둘째, '주 1회 리플렉션'으로 자신을 점검하기입니다. 한 주 동안 놓친 부분이나 더 잘할 수 있었던 점을 돌아보는 시간을 갖는 것입니다. 작은 노트에 '이번 주 아이가 무슨 말을 했는지'와 '내가 어떻게 반응했는지'를 메모하고, "내가 알았다면 예전과는 다르게 행동할 수 있었던 부분이 무엇이었을까?"와 같이 나에게 하는 질문과 답변하는 과정을 통해 스스로를 성찰하는 습관을 들이는 것이 중요합니다.

셋째, '월 1회 외부 입력'으로 새로운 자극을 받기입니다. 책,

강의, 상담, 대화 등 다양한 방식으로 외부에서 새로운 정보를 받아들입니다. 두꺼운 책이나 유명한 강의가 아니어도 괜찮습니다. 아이와 관련된 유튜브 강의 하나를 보거나, 좋은 아빠 블로그 글을 읽거나, 동료 아빠와 진솔한 대화를 나누는 것만으로도 충분히 의미 있는 배움이 될 수 있습니다.

캐롤 드웩의 성장 마인드셋(Growth Mindset)은 "지금은 못하지만, 배울 수 있다"라는 믿음을 핵심으로 합니다. 이와 같은 사고방식은 실패를 성장의 기회로 바라보며, 노력을 통해 능력을 발전시킬 수 있다는 긍정적인 태도를 강조합니다. 아이에게 이러한 마인드를 심어주기 위해서는 부모가 먼저 이를 실천하며 본보기를 보여주는 것이 가장 효과적인 교육 방법입니다. 부모가 스스로 배우고 성장하는 모습을 통해 아이도 자연스럽게 이 사고방식을 체득할 수 있습니다.

한편, 존 휘트모어의 코칭 리더십은 아이에게 "정답"을 주기보다 "스스로 답을 찾도록 돕는" 태도를 제안합니다. 코칭이라는 것은 부모의 권위를 낮추는 것이 아니라, 아이의 주체성과 잠재력을 존중하며 이끌어주는 성숙한 소통 방식입니다. 이를 통해 아이는 자기 문제를 스스로 해결하는 능력을 키우고, 부모와의 관계에서도 신뢰와 협력의 기반을 다질 수 있습니다.

★ 개발자의 시선으로 본 '학습'의 의미

소프트웨어 시스템을 오래 유지보수 하다 보면, Legacy 코드가 생깁니다. 글자의 뜻은 유산이라는 뜻이지만, 프로그래머의 입장에서는 오래되고 유지보수가 잘 안 되는 코드를 의미하기도 합니다. 즉, 처음에는 잘 짜였던 코드도, 시간이 지나면 현재 상황에 맞지 않을 수 있다는 의미이기도 합니다. 아빠의 사고방식도 마찬가지입니다. '내가 자랄 때는 이랬어'로 시작하는 사고방식은 점점 외부 시스템과의 충돌을 일으킵니다. 최신 API와 호환되지 않는 코드처럼, 아이의 감정과 기대를 이해하지 못하게 될 수 있습니다. 그래서 정기적인 학습과 점검은 필수입니다.

- **버그 리포트** : "내가 왜 그런 말을 했을까?"를 돌아보며 자신의 행동과 말에 대해 성찰하는 시간을 가집니다.
- **패치 노트** : "다음에는 이렇게 말해봐야겠다"라는 개선 방향을 구체적으로 정리하며 더 나은 대안을 준비합니다.
- **업데이트 알림** : 배우고 변화하는 과정을 아이와 자연스럽게 공유하며, 아이에게 아빠도 노력하고 성장하고 있다는 메시지를 전달합니다.

이처럼 꾸준히 자신의 사고방식을 업데이트하면, 아이와의 소통에서 더 유연하고 효과적인 관계를 만들어갈 수 있습니다.

배우고 노력하는 아빠는 무너지지 않습니다. 실수해도 괜찮습니다. 실수하는 것보다도 중요한 것은, 계속 배우고 새로운 방법을 찾아가고 있다는 태도입니다. 아이에게 주고 싶은 가장 큰 선물은 완벽한 아빠가 아니라, 성장하는 아빠입니다.

2. 버전 히스토리
: 1.0에서 2.0까지의 변화

아빠라는 역할을 처음 시작했을 때를 '버전 1.0'이라고 표현한다면, 지금 여러분은 어떤 버전에서 실행 중이신가요? 그리고 그 버전은 어떤 과정을 거쳐 업데이트되어 왔을까요? IT 시스템에서의 버전 관리처럼, 아빠로서의 삶에도 업데이트 기록이 존재합니다. 그 기록을 돌아보는 일은 단순한 회고를 넘어서 앞으로의 방향성을 잡는 데 큰 힌트를 줍니다. 우리가 '버전 2.0' 그 이상으로 나아가려면, 1.0의 문제점과 개선 사항을 명확히 인식하고, 의식적으로 변화의 흐름을 설계해야 합니다.

★ 1.0 버전 : 초기 아빠의 프로토타입

아빠 버전 1.0은 대부분 무의식적인 설계로 시작됩니다. 내가 자라온 환경, 부모에게서 물려받은 양육 방식, 사회가 주입한 아빠다움의 이미지가 초깃값으로 설정됩니다. 이 시기의 특징은 다음과 같습니다.

- **하드코딩된 반응** : 아이가 떼를 쓰면 무조건 화부터 내거나 외면하는 패턴, 배우자에게 감정을 숨기고 책임만 지우려는 태도 등은 어릴 때 배운 생존 전략의 반복입니다. 이런 반응은 마치 디버깅되지 않은 코드처럼 예측 불가능한 오류를 일으킵니다.

- **기능 불균형** : 직장에서의 성취나 경제적 지원은 비교적 강하게 설계되어 있지만, 감정 표현이나 공감 기능은 낮은 우선순위로 밀려 있습니다. '말하지 않아도 알겠지'라는 불안정한 인터페이스가 문제를 키웁니다.

- **업데이트 미반영** : 육아 서적을 읽거나 교육을 듣더라도 실제 적용에는 실패하는 경우가 많습니다. 마치 보안 패치는 다운로드했지만 설치는 안 된 채 방치된 상태와 비슷합니다.

★ 1.5 버전 : 첫 번째 자각의 순간

어느 날 아이가 울면서 "아빠가 무서워"라고 말하거나, 아내가 "나는 항상 벽을 보고 이야기하는 것 같아"라고 말할 때, 처음으로 자신의 버그를 인식하게 됩니다. 이 시기는 고통스럽지만, 매우 중요한 전환점입니다.

- **자기 계발 이론 적용 시작** : 이 시점에서 선택이론과 감정 코칭 같은 이론들이 들어오기 시작합니다.

선택이론은 "우리는 다른 사람의 행동을 통제할 수 없고, 오직 자신의 선택만이 변화의 시작이다"라는 개념을 통해 무의식적인 반응을 의식적으로 전환할 수 있게 도와줍니다.

감정 코칭은 자녀와의 갈등 상황에서 감정을 명명하고 연결하는 구체적인 커뮤니케이션 전략을 제공합니다.

- **내면 로그 분석** : 자신의 반응이 어디서 비롯되었는지 스택 트레이스를 따지기 시작합니다. 어릴 적 부모와의 관계, 억눌렸던 감정, 회피했던 불안 등을 인식하면서 변화의 준비를 합니다.

★ 2.0 버전 : 의식적인 아빠로의 재구성

버전 2.0은 단순한 성격 변화가 아니라 삶의 아키텍처를 다시 구조화 하는 것에 가깝습니다. 아빠라는 시스템을 감정, 관계, 일상, 회복력이라는 여러 모듈로 나누고 각 기능을 최적화합니다.

- **감정 처리기 재설계** : 분노는 더 이상 자동 실행되지 않습니다. 분노의 로그를 수집하고, 발생 원인을 추적하며, 적절한 시점에 멈추고 재부팅하는 루틴을 갖추게 됩니다.
- **공감 엔진 탑재** : 아이의 입장에서 상황을 바라보고, "너 지금 속상하구나"라는 문장을 꺼낼 수 있게 됩니다. 이것은 단순한 말 한마디가 아니라, 데이터 기반의 정확한 인식과 실행입니다.
- **일상 루틴의 자동화** : 자녀와의 1:1 시간을 확보하고, 함께 산책하거나 책을 읽는 등의 루틴을 코드처럼 정기적으로 실행합니다. 루틴은 자녀에게 안정감을 주고, 아빠에게는 예측 가능한 관계의 틀을 제공합니다.
- **자기 회복 루틴 도입** : 힘들 때 나만의 리커버리 코드를 실행합니다. 이는 명상, 감사 일기, 배우자와의 대화, 혹은 조용한 커피 한 잔일 수도 있습니다. 이 루틴은 아빠의 정

서적 CPU 과열을 방지합니다.

★ 버전 2.0 이후의 마이너 업데이트들

한 번의 대규모 업데이트로 완성되는 인격은 없습니다. 그 이후로도 작은 패치들이 계속 필요합니다.

2.1 **배우자와의 리팩토링** : 부부의 언어와 리듬을 맞추는 과정이 포함됩니다. 혼자만 변화하는 게 아니라, 같이 진화하는 동기화 과정입니다.

2.2 **자녀의 나이별 API 확장** : 아이가 유아기에서 초등학생, 그리고 사춘기로 들어가며 요구하는 '부모의 역할'도 달라집니다. 그 변화에 맞춰 인터페이스도 바뀌어야 합니다.

2.3 **피드백 시스템 통합** : 자녀의 피드백을 겸허히 듣고, 그것을 성능 개선에 반영합니다. "아빠, 그 말은 상처였어."라는 말을 들었을 때 변명하지 않고 "그랬구나. 다음엔 다르게 해볼게."라고 응답하는 것이 바로 이 시스템의 핵심입니다.

★ 성장을 위한 또 다른 원칙들

캐롤 드웩의 성장 마인드셋은 "나는 아직 완벽하지 않지만, 노력하면 계속 좋아질 수 있다."라는 믿음을 기반으로 합니다. 이는 자기 비난이나 자책이 아닌, 자기 성장을 위한 핵심 마인드셋이 됩니다.

제임스 클리어(James Clear)의 《아주 작은 습관의 힘(Atomic Habits)》은 작고 반복적인 변화가 장기적으로 큰 영향을 미친다는 원리를 강조합니다. 매일 아이를 바라보며 한 번 더 웃어주는 것, 아내에게 "고마워" 한 마디 더 건네는 것이 2.0의 지속 가능성을 높이는 연료가 됩니다.

★ 버전 히스토리는 지금도 진행 중입니다

우리는 단 한 번의 완성으로 아빠라는 역할을 다 할 수 없습니다. 그리고 완성될 수도 없습니다. 다만 매일, 작지만 진지한 선택을 통해 더 나은 쪽으로 버전을 올릴 수 있을 뿐입니다. 어제보다 오늘이 조금 더 나은 아빠가 되었다면, 그것으로 충분합니다. 그리고 그 변화의 기록은 아이의 마음속에 아빠와의 따뜻한 기억이라는 형태로 저장될 것입니다. 오늘도 아빠 프로그램은 업데이트 중입니다.

3. 외부 모듈 활용
: 독서, 멘토, 상담의 힘

　컴퓨터 프로그램을 개발하다 보면, 내부 코드만으로는 해결할 수 없는 복잡한 문제들을 만나게 됩니다. 그럴 때 우리는 외부 라이브러리나 API를 사용합니다. 예를 들어, 파이썬이라는 언어의 경우에는 데이터를 시각화할 때는 matplotlib, 파일 처리를 쉽게 하려면 pandas, 웹 서비스를 만들려면 Flask나 Django 같은 모듈을 활용합니다. 이미 잘 만들어진 모듈을 쓰면 시간도 줄이고, 검증된 로직을 통해 개발하는 시스템의 안정성을 높일 수 있기 때문입니다. 아빠라는 역할도 이와 비슷합니다. 혼자만의 힘으로 모든 문제를 해결하려고 하면, 자칫 과부하가 걸릴 수 있습니다. 혹은 해결할 수 없는 문제라는 판단으로 인해 포기하는 경우가 발생할 수도 있습니다. 그렇기 때문에 외부에서 도움을 받는 것을 부끄럽게 여길 필요는 없습니다. 아빠인 내가 부족해서 그런 것이라고 자책감만 느낀다면 최적화는커녕 시스템이 멈춰버릴 수도 있습니다.

★ 1. 독서 : 시스템 전반을 업그레이드하는 첫 번째 패치 파일

책은 세상에서 가장 저렴하고 검증된 외부 모듈입니다. 단 몇 천 원, 몇 시간의 시간 투자로도 한 사람의 수십 년 경험을 흡수할 수 있기 때문입니다. 특히 자녀 교육, 감정 조절, 부부 관계, 자기 인식과 같은 주제는 전문 지식이 반드시 필요한 영역입니다. 그렇지만 우리는 아빠가 되는 데 필요한 학습을 제대로 받지 못한 채 실전에 투입되어 버린 셈입니다. 실전에 투입된 아빠들은 대부분 아이와의 갈등, 아내와의 거리감, 나 자신의 무력감 같은 문제를 마주하는 방법을 배운 적이 없습니다. 즉, 가정을 이끌어가면서 발생할 수 있는 문제를 인식하고, 분석하고 수정하는 법을 배운 적이 없습니다.

문제를 해결하고 싶다는 의지를 가진 아빠들에게, 아래 세 권의 책들을 추천합니다.

- **《감정코칭》: 존 가트맨**

　아이의 감정을 읽고 공감하는 기술을 알려주는 책입니다. 아이가 반항적인 태도를 보일 때, 그 이면에 숨은 진짜 메시지를 읽어내는 법을 배울 수 있습니다. 감정코칭은 단순히 아이의 감정을 받아주는 것을 넘어, 부모와 자녀 사이의 소통을 깊게 하고, 아이가 자신의 감정을 건강하게 인식하고 표현할 수 있도록 돕는 방법을 제시합니다. 감정코칭을 받은 아이는 스스로 감정을 조절하는 힘이 커지고, 사회성도 좋아지며, 부모와의 관계도 훨씬 더 단단해집니다. 모든 상황에서 감정 코칭을 한다면 좋지만, 감정 코칭을 시도하는 것 자체가 큰 의미를 갖게 됩니다.

- **《나는 나로 살기로 했다》: 김수현**

　이 책은 내면의 불안을 정리하고, 나다움을 회복하는 데 도움을 주는 책입니다. 타인의 시선이나 기대에 휘둘리지 않고, 나 자신을 있는 그대로 받아들이는 법을 이야기합니다. 자기 자신을 이해하고 존중하는 과정에서, 우리는 비로소 진짜 나로 살아갈 용기를 얻게 됩니다. 이 책은 자존감 회복, 감정 관리, 관계 속에서 나를 찾는 방법 등, 자기 자신을 더 깊이 들여다보고 사랑하는 법을 안내합니다.

- 《회복탄력성》: 김주환

스트레스에 무너지는 대신, 다시 일어서는 힘을 기르는 심리 기술을 다룹니다. 회복탄력성은 어려움이나 실패를 겪은 뒤에도 다시 일어설 수 있는 힘입니다. 이 책은 자기 조절력, 대인관계 능력, 긍정성이라는 세 가지 핵심 요소를 중심으로, 일상에서 실천할 수 있는 다양한 방법을 소개합니다. 감정 일기 쓰기, 명상, 긍정적인 자기 대화, 건강한 생활 습관 등 구체적인 실천법을 통해 회복탄력성이라는 것은 키울 수 있다는 것을 강조합니다.

책을 읽는다는 것은 코드를 수정하기 전에 나의 코드를 다시 보면서 주석을 달아주는 것과 비슷합니다. 내가 왜 그렇게 행동했는지, 왜 그 말에 화가 났는지 설명해주고, 다음 버전에서는 더 나은 반응을 준비할 수 있도록 도와줍니다. 독서는 내 마음 프로그램의 문서화 과정이라고 볼 수 있습니다.

★ 2. 멘토 : 인생의 레퍼런스 코드

개발을 처음 배울 때 가장 좋았던 것 중에 하나는 실력이 있는 개발자 선배나 친구가 옆에서 코드를 함께 봐주는 경험이었습니다. 작은 실수도 바로 잡아주고, 왜 이렇게 해야 하는지 맥

락을 설명해 주는 것이 성장에 큰 도움이 되는 경험들이었습니다. 육아나 가정 내 갈등도 비슷합니다. 나보다 몇 년 앞서 경험한 누군가가 있다면, 그 사람의 삶의 코드를 참고할 수 있습니다. 반드시 대단한 전문가일 필요는 없습니다. 나보다 조금 더 먼저 아빠가 된 친구, 직장에서 존경하는 선배, 교회나 커뮤니티에서 만난 좋은 아버지들이 멘토가 될 수 있습니다. 그들의 이야기를 듣고, 고민을 나누며 서로 조언을 주고받는 것 자체가 강력한 성장 동력입니다. 멘토링은 단순한 지식의 공유가 아닙니다. 정서적인 안정감, 격려, 실수에 대한 너그러움, 그리고 방향 설정의 힌트를 함께 나누는 구조입니다.

멘토를 찾는 것이 막막하다면 아래의 기준으로 찾아보는 것도 좋습니다.

첫 번째로 고민을 털어놓았을 때 평가와 대안을 제시하는 사람보다는 공감과 성찰을 해주는 사람이면 좋습니다. 두 번째로 온라인 커뮤니티나 독서 모임도 좋은 시작이 될 수 있습니다. 멘토가 문제 해결에 도움을 주는 것은 맞습니다. 그렇지만, 멘토가 모든 문제 상황에 대한 정답을 알려주는 것은 아니라는 것을 기억할 필요가 있습니다. 문제 대한 답이 아니라 공감의 말 한마디, 스스로 방법을 찾을 수 있도록 생각을 열어주는 대화가 스스로를 더 가치 있음을 알게 해 줍니다. 이런 멘토링을 통해 문제 상황을 헤쳐나갈 수 있는 힘을 줍니다.

★ 3. 상담 : 복잡한 로직을 해석해주는 디버깅 도구

가끔은 아무리 코드의 흐름을 들여다봐도 문제의 원인이 보이지 않을 때가 있습니다. 그럴 때는 전문 디버깅 도구가 필요한 순간입니다. 상담은 그런 도구입니다. 심리상담은 내가 왜 반복해서 분노하고, 같은 실수로 아이에게 상처를 주는지 그 루프를 분석하게 도와줍니다. 그리고 이 고리를 끊기 위한 대안 행동을 함께 설계해 줍니다. 특히 정서적 학대나 부모로부터 받은 상처가 깊은 분들에게는 상담이 필수적인 외부 모듈입니다. 자각만으로는 끊어내기 어려운 무의식의 반복을 다루기 때문입니다.

상담을 시작할 때 도움이 되는 팁 세 가지

1. 상담이라는 것을 환자들이 가는 곳이라는 오해는 과감히 버려야 합니다. 상담은 건강한 사람이 더 건강하게 지낼 수 있도록 도와주는 것입니다.
2. 심리상담소, 신경정신과, 보건소, 또는 기업의 복지 서비스 등 다양한 경로가 있습니다.
3. 첫 상담사가 맞지 않는다고 느껴진다면, 다른 전문가와 다

시 시도해도 좋습니다.

심리상담은 마치 전문가와 함께 코드를 함께 읽어 가면서 분석하는 것과 비슷합니다. 언제 어떤 사건이 어떤 감정을 호출했는지, 그 감정이 어떤 반응으로 연결됐는지를 구조적으로 분석해주는 전문가이기 때문입니다.

선택이론에 따르면, 인간은 생존, 소속, 힘, 자유, 즐거움의 다섯 가지 기본 욕구에 의해 행동한다고 합니다. 외부 모듈 활용은 기본 욕구 중에서 소속(연결)과 힘(자기효능감) 욕구를 채우고 강화시키는 좋은 방법입니다.

- 독서는 나에게 통제감과 지식의 힘을 줍니다.
- 멘토는 소속감과 정서적 지지를 줍니다.
- 상담은 자기 이해를 통한 자기효능감을 길러줍니다.

또한 자기 계발 이론 중 하나인 성장 마인드셋에 따르면, 사람은 능력을 타고나는 것이 아니라 학습과 피드백을 통해 성장한다고 봅니다. 외부 모듈은 바로 이 피드백 루프를 강화해 줍니다. 고립된 채로는 성장하기 어렵습니다. 외부로부터 받은 자극과 그에 따르는 적용이 있어야 진짜 변화가 가능합니다.

아빠로서, 남편으로서, 한 사람의 인간으로서 우리는 너무 많은 역할을 동시에 수행하고 있습니다. 그리고 그 모든 과정을 혼자서 해결하려고 애쓰는 경우가 많습니다. 하지만, 개발자도 짝 프로그램 혹은 오픈소스의 형태를 통해 함께 문제를 해결하듯, 아빠들도 외부 모듈을 연결하고 도움을 받아야 합니다. 책을 통해 배움을 얻고, 멘토를 통해 길을 묻고, 상담을 통해 상처를 치유하는 것. 그것은 나약함이 아니라, 나 자신과 가족을 위한 가장 지혜로운 선택입니다. 이제 아빠라는 프로그램에 새로운 외부 모듈을 추가하세요. 버그가 줄어들고, 성능은 올라갈 것입니다. 그리고 무엇보다, 아이와 아내, 그리고 나 자신에게 더 따뜻한 존재로 다가갈 수 있을 것입니다.

4. 아이의 피드백 시스템 구축하기

★ 아빠도 피드백을 받을 준비가 되었습니다

아이와의 관계에서 한 방향으로만 흐르는 소통은 결국 신뢰를 무디게 만듭니다. "아빠는 왜 내 말은 안 들어?"라는 말 속에는, 아빠가 자녀에게 사랑과 보호를 주려는 의도는 있었지만, 그 표현 방식이 일방적이고 경직되어 있었다는 단서가 숨어 있습니다. 아빠 버전 2.0으로 업데이트하기 위해서는, 자녀로부터의 피드백을 받아들이고 반영하는 능력이 핵심입니다. 자기 계발 이론 중에서 성장 마인드셋은 실수를 두려워하지 않고 계속해서 개선해나가는 태도를 강조합니다. 캐롤 드웩(Carol Dweck)의 이론에 따르면, 실패를 피드백으로 받아들일 수 있는 환경은 아이뿐 아니라 부모에게도 성장의 기회를 줍니다. 선택 이론에서도 상대방의 행동을 통제하려 하기보다는, 스스로 선택할 수 있도록 도와주는 것이 관계를 지속적으로 건강하게 만든다고 말합니다.

★ 피드백 시스템이란?

회사에서는 성과를 측정하고 개선점을 찾기 위해 피드백 루프(feedback loop)라는 방식을 운영합니다. 마찬가지로 가정에서도, 특히 아이와의 관계에서는 작은 대화와 관찰을 통해 일상의 피드백을 받을 수 있는 루프를 만드는 것이 필요합니다. 피드백 시스템이란, 아이의 반응과 감정을 데이터처럼 받아들여, 나의 행동을 점검하고 조정할 수 있는 감정 기반의 소통 구조를 말합니다.

★ 아빠가 먼저 피드백을 시작해야 하는 이유

아이들은 부모가 "나의 감정과 생각을 들어줄 준비가 되어 있는가?"를 민감하게 관찰합니다. 아빠가 먼저 피드백을 요청하거나 받아들이는 자세를 보이면, 아이도 자신의 감정을 말할 기회를 자연스럽게 느끼게 됩니다.

예를 들어 본다면 아래와 같이 이야기를 시작해 보는 것입니다.

- "아까 아빠가 말할 때 기분 어땠어?"
- "내가 화를 내서 놀랐지? 다음에는 어떻게 했으면 좋겠어?"
- "아빠도 아직 연습 중이야. 네가 알려주면 고마울 것 같아."

이런 말들은 아이에게 "내가 중요하구나", "내 의견이 반영될 수 있구나"라는 믿음을 줄 수 있습니다. 동시에 아빠에게는 행동을 돌아보는 기회를 만들어 주는 말이기도 합니다.

★ 아이의 언어로 데이터를 받기

아빠가 컴퓨터 프로그래머라면, 문제가 있을 때 로그를 분석하듯, 아이의 말과 행동도 감정의 로그로 보고, 해석할 수 있습니다. 아이의 말은 데이터입니다. 하지만 아이들은 어른처럼 직접적으로 말로만 자신의 생각과 감정을 표현하지 않습니다. 오히려 감정이 섞인 몸짓, 표정, 눈빛 등 비언어적 신호를 통해 더 많은 메시지를 전달합니다. 연구에 따르면, 전체 의사소통에서 비언어적 요소가 차지하는 비중은 80~90%에 달할 정도로 압도적입니다. 즉, 아이가 말하는 한마디의 말 보다 그때의 표정, 몸짓, 시선, 목소리의 떨림이 훨씬 더 많은 정보를 담고 있는 것이라고 볼 수 있습니다.

예를 들어, 아이가 "괜찮아"라고 말하면서도 고개를 숙이고 어깨를 움츠린다면, 그 말보다 몸짓이 진짜 감정을 더 잘 표현하는 것이라고 볼 수 있습니다. 속상함은 입술을 삐쭉 내밀거나 눈을 피하는 모습으로 드러나기도 합니다. 이런 비언어적 신호는 아이가 아직 언어로 감정을 다 표현하지 못할 때 더욱 두드러집니다. 그렇기 때문에 아이와의 대화에서 말뿐 아니라 몸짓 언어를 읽는 것이 매우 중요합니다. 아이의 표정, 자세, 손짓, 눈빛, 목소리의 높낮이까지 세심하게 관찰해야 아이가 보내는 진짜 메시지를 이해할 수 있습니다. 아이의 말은 데이터이지만, 그 데이터의 대부분은 말이 아닌 몸짓 언어에 담겨 있다는 점을 기억해야 합니다.

★ 구체적인 피드백 루틴 만들기

가정에서도 일상 속에 피드백 루프를 자연스럽게 심을 수 있습니다. 회사에서 성과를 점검하고 개선점을 찾듯, 가정에서도 서로의 마음을 확인하고 더 나은 관계로 나아가는 작은 루틴을 만들 수 있습니다. 아래는 실천할 수 있는 몇 가지 예시입니다.

1. 하루 마무리 질문

매일 잠자리에 들기 전, 아이에게 이렇게 물으면서 대화를 시작해봅니다.

- "오늘 하루 중 아빠가 제일 잘한 건 뭐였을까?"
- "아빠가 오늘 좀 서운하게 했던 건 있었어?"

이런 질문은 아이가 하루를 돌아보고, 아빠와의 관계에서 느낀 점을 솔직하게 표현할 수 있는 기회를 줍니다. 아이의 대답을 진심으로 듣고, 그 피드백을 다음 날 행동에 반영하면 자연스럽게 긍정적인 변화가 쌓입니다.

2. 감정 도표 함께 보기

감정 카드나 색깔로 기분을 표현하는 놀이처럼, 아이가 '지금 나의 상태'를 표시할 수 있는 보드를 만들어 보세요. 아빠도 함께 자신의 감정을 표시하면서, 서로의 감정을 자연스럽게 공유하는 문화를 만들어갈 수 있습니다. 말로 표현하기 어려운 감정도 시각적으로 나타내면 훨씬 쉽게 소통할 수 있습니다.

3. 피드백 노트 만들기

아이와 함께 쓰는 작은 노트를 마련해, 서로의 감정이나 바람을 적어보세요. 말로 하기 어려운 감정이나 생각도 글로는 더 솔직하게 표현할 수 있습니다. 이 노트는 시간이 지나면서 가족만의 소중한 기록이 되고, 서로를 이해하는 데 큰 도움이 됩니다.

4. 1:1 대화 시간 정하기

일주일에 한 번, 단 15분이라도 아이와 일대일로 시간을 보내며 "아빠에게 하고 싶은 말 있어?"라고 여유 있게 물어보세요. 이 짧은 시간이 아이에게는 깊은 신뢰와 소통의 창구가 됩니다. 아이가 평소에 말하지 못했던 생각이나 감정을 꺼낼 수 있는 소중한 시간이 될 수 있습니다.

이렇게 일상 속에 피드백 루프를 심으면, 가정은 점점 더 건강하고 행복한 방향으로 성장할 수 있습니다. 작은 실천이 쌓여 가족 모두의 관계가 한층 더 깊어지고 풍부해질 것입니다.

피드백을 받은 뒤의 아빠의 반응이 중요합니다

아이의 피드백을 받게 되면 그것이 불편하거나 마음이 상할 수도 있습니다. 나의 의도와는 다르게 해석된 결과라고 생각할 수 있기 때문입니다. 하지만 그 감정도 중요한 학습의 기회입니다. 예를 들어 아이가 "아빠는 맨날 화내서 무서워"라고 말했을

때,

"그게 무슨 소리야? 아빠가 뭘 잘못했다고 그래?"

이런 반응보다는,

"아, 그런 느낌을 받았구나. 말해줘서 고마워. 아빠도 화를 참는 걸 더 연습해볼게."

이런 반응이 아이에게는 신뢰를 쌓는 피드백 루프의 완성입니다.

> ★ 시스템의 핵심 : 피드백은 신뢰 위에서 작동합니다.

아무리 피드백 루틴을 설계해도, 아빠가 감정을 조절하지 못하거나 아이의 말을 무시한다면 시스템은 망가집니다. 핵심은 서로에게 안전하고 믿을 수 있다는 관계입니다.

"아빠는 내 말을 끝까지 들어줄 거야." 아이에게 이러한 믿음이 생기면, 아이는 솔직해지고, 자존감도 자랍니다. 그리고 그 신뢰는 반복된 작은 행동에서 만들어집니다.

- 아이의 눈을 보며 이야기 들어주기
- 반박하지 않고 있는 그대로 감정 수용하기
- 변명보다는 공감으로 시작하기

아빠에게도 리팩토링이 필요합니다.

피드백을 받는다는 것은, 내 코드를 수정하겠다는 선언입니다. 성장하는 시스템은 늘 버그 리포트를 환영합니다. 아이의 피드백은, 사랑이라는 커밋 메시지를 담고 있습니다. 그 메시지를 읽어주는 아빠가 되면, 가정이라는 프로젝트는 더욱 따뜻하고 견고해질 것입니다.

5. '내가 모른다'는 말의 힘
: 유연한 아빠 되기

"아빠가 잘 몰라서 그런데, 너는 어떻게 생각해?"

이 한마디가 아이의 눈빛을 바꾸고, 마음을 여는 순간이 있었습니다. 어느 날 아이가 혼란스러워하며 질문을 던졌을 때, 저는 자동적으로 무언가 정답을 주려고 했습니다. 하지만 문득, 저 자신도 잘 모른다는 것을 깨달았고, 솔직하게 그렇게 말해봤습니다. 그 순간 아이는 놀란 듯 제 얼굴을 쳐다보았고, 곧 조심스럽게 자신의 생각을 꺼내기 시작했지요. 그것은 작은 기적 같았습니다. 돌이켜보면, 아빠라는 위치에 로그인하면서 저는 모르게 하나의 내부 명령어를 실행하고 있었습니다. '모든 것을 알아야 한다. 실수하지 말아야 한다. 해결해줘야 한다.' 그 명령어는 마치 책임감처럼 느껴지기도 하지만, 시간이 갈수록 완벽해야 한다는 강박으로 바뀌어 갔습니다. 그리고 이 강박은 아이와의 관계에서도 점점 더 '닫힌 구조'를 만들고 있었습니다. 모른다는 것을 인정하지 않는 한, 아이도 자기 감정이나 생각을 안전하게 꺼내 놓기 힘들어졌습니다. 그런데 어느 책에서 읽은 문장이 제 마음을 흔들었습니다.

"문제는 문제로 인식될 때만 문제일 수 있다."

선택이론(Choice Theory)을 비롯한 많은 자기 계발 이론들이 공통적으로 말하는 것은 이렇습니다. 지금의 나를 있는 그대로 인정하는 것. 그 상태를 바탕으로 더 나은 방향을 선택해 나가는 것. 그 변화의 시작점이 바로 '내가 모른다'는 솔직한 인식입니다.

★ "모른다"라는 말은 두려움이 아닌, 성장의 시작입니다

아빠가 아이에게 "그건 잘 모르겠네"라고 말하는 순간, 겉보기에는 단순한 한마디 같지만, 그 안에는 두 가지 중요한 메시지가 담깁니다.

첫째, 아빠도 실수할 수 있고, 모를 수도 있는 인간이라는 점
둘째, 아빠는 배움을 멈추지 않는 존재라는 점

이 두 메시지는 아이의 마음에 신뢰와 안정감을 줍니다. 아

이는 매일 세상과 부딪치며 배워가는 중입니다. 옆에 있는 어른이 모든 것을 다 아는 것처럼 말하면, 아이는 자신의 모름을 부끄러워하고, 질문을 줄이며, 자신의 표현을 자제하게 됩니다. 하지만 "아빠도 잘 모르겠어. 너랑 같이 알아볼까?"라고 말하면 상황은 달라집니다. 모른다는 것을 숨기지 않고, 오히려 같이 탐색할 기회로 바꾸는 순간, 아이는 자기 생각을 말할 용기를 얻습니다. 배움은 함께하는 과정이라는 것을 체험하게 됩니다. 심리학자 캐롤 드웩의 성장 마인드셋(Growth Mindset) 이론도 이와 같은 방향을 강조합니다. 아이의 미래 성장을 위해 가장 중요한 것은 결과가 아닌 과정에 집중하게 만드는 것입니다. 그리고 그 출발점은 부모의 태도에서 시작됩니다.

"아빠도 배우는 중이야."

이 말은 아이에게 실패해도 괜찮다는 신호이며, 동시에 시도해도 된다는 허락이 됩니다.

★ '모른다'는 말은 관계의 높이를 평평하게 만듭니다

우리는 때때로 아이와의 관계를 '가르치는 사람'과 '배우는 사람'의 구조로 단순화합니다. 물론 아빠로서 아이를 보호하고 안내할 책임은 분명히 존재합니다. 하지만 아이도 존엄한 존재이며, 자신의 생각과 감정을 가진 독립적인 인격체라는 것을 기억해야 합니다. 모든 것을 판단하고 규정하는 아빠의 태도는 아이를 점점 위축시키고, 자신의 목소리를 감추게 만듭니다. 하지만 "그건 네가 더 잘 아는 부분이겠는데?" 또는 "네 생각을 먼저 듣고 싶어"라는 말을 들은 아이는 나는 아빠로부터 존중받고 있다는 느낌을 받습니다. 그리고 이러한 경험의 반복은 아이가 자존감 있게 성장하는 데 결정적인 밑거름이 됩니다.

비폭력대화(NVC)의 창시자인 마셜 로젠버그(Marshall Rosenberg)는 상대방의 말 이면에 있는 감정과 욕구를 듣는 태도를 강조했습니다. 이를 위해 필요한 첫 번째 자세는 '내가 아는 것이 전부가 아니다'라는 인식입니다. 즉, 내가 모를 수 있다는 것을 인정해야만 상대의 이야기를 있는 그대로 들을 수 있습니다. 이렇게 마음을 열고 귀 기울일 때, 아이는 "나의 감정과 의견도 소중하구나", "아빠는 내 편이구나"라는 것을 느끼게 됩니다. 이러한 경험은 단순한 대화를 넘어, 정서적 신뢰의 기반이 됩니다.

★ 프로그래밍으로 비유하면, '모른다'는 말은 업데이트를 위한 선언입니다

오랜 시간 코드를 짜 온 저에게는 아이와의 관계도 일종의 프로그램처럼 느껴질 때가 많습니다. 처음부터 완벽한 코드를 만들 수 없는 것처럼, 아빠로서의 역할도 실패와 시행착오의 연속입니다. 초기 코드에는 버그가 많습니다. 그 버그를 고치려면, 가장 먼저 해야 할 일은 '지금의 이 코드가 완벽하지 않다는 사실'을 인정하는 것입니다. 이러한 인정이 없으면, 잘못된 코드로 계속 결과를 출력하게 되고, 오류는 반복됩니다.

"왜 내가 그때 아이 말에 화를 냈을까?"

"그건 정말 아이에게 좋은 방식이었을까?"

이런 질문은 단순한 후회가 아닙니다. 내 감정을 디버깅하고, 행동의 흐름을 리팩토링하는 과정입니다. 이때 "모른다"라고 말할 수 있는 용기는, 프로그램으로 치면 업데이트 가능 상태로 전환하는 명령어와 같습니다. 닫혀 있는 시스템은 입력을 받을 수 없지만, 열린 시스템은 항상 새로운 데이터를 받아들여 더 나은 방향으로 나아갈 수 있습니다. 아이와의 관계도 마찬가지입니다. 내가 항상 정답을 말할 필요는 없습니다. 오히려 "그건 어떻게 해야 할지 아빠도 고민 중이야"라는 말은, 아이에게 함께 성장하는 동료로서의 신호가 됩니다.

★ '유연한 아빠'는 답을 주기보다,
질문을 잘 던지는 사람입니다

· ·

모른다는 것을 인정하는 순간, 우리는 아이와 '함께 질문하고 탐색할 수 있는 상태'가 됩니다. 그 질문은 명령이 아니라 대화이고, 단순한 가르침이 아니라 세상을 향한 탐색입니다.

예를 들어,
- "너는 그 상황에서 어떻게 느꼈어?"
- "아빠가 잘 몰랐던 건데, 그게 그렇게 중요한 일이었구나."
- "아빠도 네 나이 때 그랬던 것 같은데, 그건 네가 더 잘 설명해 줄 수 있지 않을까?"

이런 문장 하나하나는 아이에게 자신의 내면을 설명할 기회를 줍니다. 그리고 그 안에서 아이는 자신이 이해받고 있다는 안도의 감정을 느낍니다. 자기 계발서 "어른의 문해력"에서도 강조하듯, 진정한 성숙은 모든 것을 아는 사람이 되는 것이 아니라, 모른다는 것을 부끄러워하지 않고, 배우려는 태도를 잃지 않는 것입니다.

선택이론의 관점에서 '모른다'는 말은 통제가 아닌 선택의 여지를 줍니다. 윌리엄 글래서 박사의 선택이론에서는 모든 인간의 행동에 대해 자신의 욕구를 충족시키기 위한 선택이라고 봅니다. 아빠가 아이에게 "이건 이렇게 해야 돼"라고 지시하는 순간, 아이의 선택지는 줄어듭니다. 반면, "아빠는 이걸 잘 모르겠어. 너는 어떻게 하고 싶어?"라고 묻는 순간, 아이의 선택권은 살아나고, 그 순간부터 아이는 자신의 인생을 자율적으로 선택하는 경험을 하게 됩니다. 이 경험이 반복되면, 아이는 점점 더 자기 삶의 주도자가 됩니다. 그리고 아빠는 그 여정을 함께 걸어주는 조력자가 됩니다.

결국, '모른다'는 말은 용기가 필요하지만, 아이와 나를 모두 자유롭게 합니다
우리는 아빠로서, 때로는 모든 것을 알고 있어야 할 것 같은 무게를 짊어집니다. 하지만 아이가 원하는 것은 완벽한 아빠가 아니라, 진심 어린 아빠입니다. 모른다고 말하는 순간은 두려울 수 있습니다. 그러나 그 두려움을 넘어서면, 우리는 아이와 함께 더 넓은 세계를 탐색할 수 있는 문을 열 수 있습니다. "내가 모른다"라는 말은 포기나 무시의 표현이 아닙니다. 유연함과 진정성, 그리고 성장의 시작점입니다.

7장

보안과 안전
: 정서적 보안을 위한 규칙 만들기

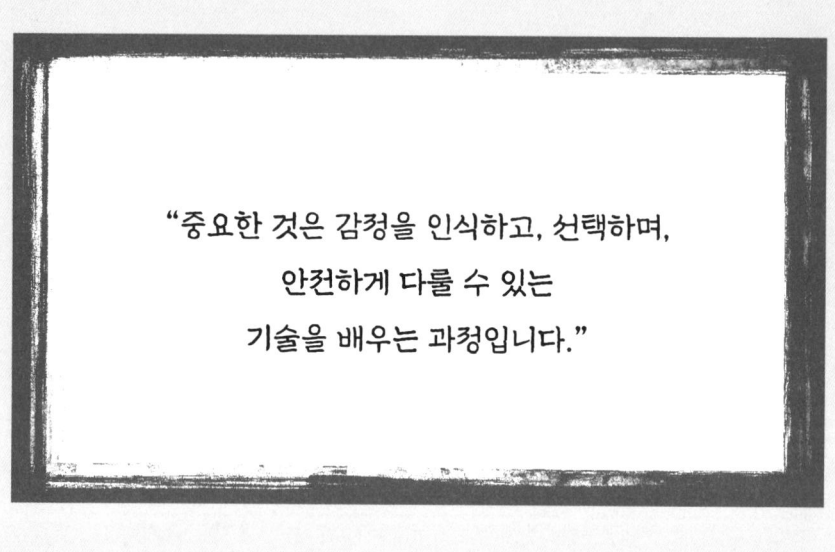

"중요한 것은 감정을 인식하고, 선택하며,
안전하게 다룰 수 있는
기술을 배우는 과정입니다."

1. 정서적 방화벽
: 나와 아이를 지키는 감정 규칙

"아빠는 왜 그렇게 화를 내?"

이 한마디에 머리가 멍해진 적이 있습니다. 아이에게 들은 그 말에 한동안 말문이 막혔습니다. 그 순간 저는, 내 감정이 나를 통제하고 있었다는 것을 깨달았습니다.

IT 시스템에는 외부 공격이나 해킹을 막기 위해 방화벽(Firewall)이라는 보안 장치가 있습니다. 정해진 규칙에 따라 외부에서 들어오는 요청을 걸러내고, 시스템이 위험에 노출되지 않도록 보호합니다. 이러한 방화벽이 필요한 것은 컴퓨터뿐만이 아닙니다. 우리의 감정에도 방화벽이 필요합니다. 특히 아빠라는 시스템에는 이 방화벽이 반드시 있어야 합니다.

이 장에서는 '정서적 방화벽'이라는 개념을 통해, 나와 아이의 관계에서 감정을 어떻게 보호하고 조율할 수 있는지 이야기 해보려 합니다.

★ 1. 감정의 출처를 구분하는 것부터 시작하기

우리가 아이에게 화를 내는 순간, 그 감정은 과연 '지금 여기'에서 발생한 것일까요? 아니면 과거의 상처에서 이어져 온 것일까요? 선택이론을 창시한 윌리엄 글래서는 "우리의 감정은 통제가 가능하다"라고 이야기합니다. 그는 감정이 행동의 결과라고 봅니다. 즉, 우리가 느끼는 감정은 스스로 선택한 행동에서 비롯된다는 것입니다. 예를 들어, 아이가 말을 듣지 않을 때 화를 내는 것이 습관이 되어 있다면, 그 감정은 내가 선택한 반응이라는 뜻입니다. 이 말이 처음엔 낯설게 느껴질 수 있습니다. 하지만 이 이론을 이해하고 나면 중요한 통찰이 생깁니다. 바로 '나의 감정은 나의 것'이라는 책임감입니다. 정서적 방화벽은 이 지점에서 시작됩니다. 내가 내 감정의 주인이라는 사실을 받아들이는 것. 이것이 첫 번째 규칙입니다.

★ 2. 방화벽 룰 #1 : 감정은 표현하되, 던지지 않는다

아이를 향해 "왜 그렇게 말을 안 들어!"라고 소리쳤던 순간,

그 말은 화살처럼 아이에게 박힙니다. 그리고 그 감정은 아이의 마음에 상처가 됩니다. 감정은 나눌 수 있지만, 그것을 있는 그대로 던져서는 안 됩니다. '감정 표현의 규칙'을 만들 필요가 있습니다.

1. 감정을 명명하기
2. 감정을 설명하기
3. 감정을 나의 것으로 인정하기

예를 들어 이런 식입니다. "아빠는 지금 좀 속상해. 네가 숙제를 안 했다는 사실보다, 약속을 지키지 않았다는 게 슬펐어." 이렇게 말하면, 아이는 아빠가 이야기하는 감정이 자기 탓만은 아니라는 것을 이해합니다. 동시에 아빠가 감정을 조절하고 있다는 안정감도 느끼게 됩니다. 부모가 감정을 다룰 줄 안다는 사실은, 아이에게 정서적 안정이라는 기본 토대를 제공하는 역할을 합니다. 정서적 방화벽은 무조건 감정을 차단하라는 말이 아닙니다. 올바른 포트(방법)를 통해 감정을 정제해서 전달하는 것이 핵심입니다.

★ 3. 방화벽 룰 #2 : 내 감정과 아이의 감정을 분리하기

아이의 말 한마디에 심장이 쿵 내려앉을 때가 있습니다.

"아빠보다 엄마가 좋아."

"아빠는 왜 맨날 피곤하대?"

이런 말들은 때로는 내면의 상처를 찌릅니다. 하지만 중요한 것은, 아이의 말과 나의 감정은 다르다는 점입니다. 정서적 방화벽의 두 번째 원칙은, 감정을 분리하는 능력입니다. 감정을 분리하지 못하면, 아이의 말 한마디가 트리거가 되어 과거의 상처가 현재를 지배하게 됩니다. 이런 순간, 스스로에게 이렇게 질문해보는 것이 좋습니다. "지금 이 감정은 아이의 말에서 비롯된 걸까, 아니면 내가 오래전부터 갖고 있던 감정일까?" 이 질문 하나가 방화벽의 역할을 합니다. 이성적인 필터가 작동하게 되면, 무의식적인 감정 공격을 막을 수 있습니다. 그리고 그 감정은 더 이상 아이에게 던져지지 않고, 나에게서 해석되고 다뤄질 수 있게 됩니다.

★ 4. 방화벽 룰 #3 : 트리거를 알고, 로그를 남겨라

개발자라면 문제가 발생했을 때 로그(log)를 남기는 것에 익숙할 겁니다. 꼭 개발자가 아니라 할지라도 문제 상황에서 정리를 하는 것은 꼭 필요한 기술 중에 하나입니다. 감정도 마찬가지입니다. 우리에게 어떤 감정 트리거가 있는지 알기 위해선 '감정 로그'가 필요합니다. 예를 들어, 하루 일과를 마친 밤에 간단하게 감정 회고를 해보는 습관을 만들어가는 것이 좋습니다.

- 오늘 화났던 순간은 언제였는가?
- 그때 나의 감정은 어떤 상태였는가?
- 나는 어떤 선택을 했는가?
- 그 반응이 아이에게 어떤 영향을 미쳤을까?

이런 질문은 우리 감정의 로그를 쌓는 행위입니다. 이 로그는 나중에 우리가 더 나은 선택을 할 수 있게 도와주는 데이터가 됩니다. 감정이라는 시스템 로그를 꾸준히 남긴다는 것은, 내 정서적 방화벽을 정기적으로 점검하는 일과 같습니다. 무엇이 나의 취약점인지, 어떤 상황에서 내 방화벽이 약해지는지를 알 수 있는 중요한 분석 도구가 되어줍니다.

★ 5. 방화벽 룰 #4
: 아이도 자기 방화벽이 필요하다는 걸 기억하라

아빠가 방화벽을 통해 감정을 조율하듯, 아이 역시 자기만의 감정 방화벽이 필요합니다. 그런데 대부분의 아이들은 그런 기술을 배우지 못한 채 자랍니다. 그래서 아빠가 먼저 모델이 되어야 합니다. 예를 들어, 아이가 감정을 억누르고 있을 때, 이렇게 질문해보면 좋습니다.

"그 말을 들었을 때, 네 마음은 어땠을까?"

"지금 너는 속으로 어떤 생각을 하고 있을까?"

이런 질문은 아이가 자기 감정을 인식하고, 그 감정을 안전하게 말로 표현할 수 있는 틀을 만들어 줍니다. 아이는 말할 수 있는 환경에서 스스로를 보호하는 법을 배우게 됩니다. 이것은 아이에게 주는 가장 귀한 정서적 방패입니다. 그리고 이 환경은, 아빠가 감정적으로 안전한 존재일 때 비로소 만들어집니다. 부모의 감정 폭발이 잦은 가정에서는, 아이가 자기 감정을 말로 표현할 수 있는 기회를 거의 갖지 못합니다. 정서적 방화벽은 단지 나를 위한 것이 아닙니다. 아이의 감정 건강을 위한 공유된 보안 시스템입니다.

★ 6. 방화벽 룰 #5
: 감정은 억제하는 것이 아니라 리디렉션하는 것이다

감정을 억누르는 것도, 억지로 참는 것도 결국 언젠가는 터지게 됩니다. 진짜 효과적인 방화벽은 감정을 억제하지 않고, 다른 방향으로 안전하게 흘려보낼 수 있도록 유도합니다. 이것을 심리학에서는 '감정 리디렉션(redirecting emotion)'이라고 합니다. 예를 들어, 화가 날 때 잠시 자리를 피하는 것도 좋은 전략입니다. 내 감정을 아이에게 바로 쏟지 않고, 안전한 공간에서 정리할 시간을 갖는 것입니다. 또한, 감정 리디렉션은 행동을 통한 감정 처리로도 연결됩니다. 산책을 하거나, 글을 쓰거나, 명상을 하거나, 혹은 일기처럼 감정을 써 내려가는 방식이 행동을 통한 감정 처리 방법입니다. 정서적 방화벽은 '감정을 지워버리는 시스템'이 아닙니다. 그 감정을 건강하게 흘려보내는 배수구 같은 역할을 합니다. 이 시스템이 있어야 감정은 나를 망치지 않고, 오히려 나를 정화시키는 자원이 됩니다.

★ 7. 방화벽을 자동화하는 루틴 만들기

방화벽이 일일이 수동으로 작동된다면, 실시간 대응이 어렵습니다. 그래서 우리는 '루틴'을 통해 방화벽 규칙을 자동화할 수 있어야 합니다. 다음과 같은 질문을 매일 자신에게 던져보는 것으로 시작해 보는 것을 추천합니다.

- 오늘 나는 내 감정을 아이에게 안전하게 전달했는가?
- 오늘 내가 아이에게 했던 말 중, 다시 하고 싶은 말은 무엇인가?
- 오늘 감정의 폭발 대신, 감정의 소통을 선택한 순간이 있었는가?

이 루틴은 정서적 방화벽을 자동화하는 정기 점검 스크립트와 같습니다. 꾸준히 이 루틴을 실행하면, 우리는 점점 더 유연하고 안정적인 감정 시스템을 갖추게 됩니다.

★ '안전한 아빠'는 '완벽한 아빠'가 아니라 '조절 가능한 아빠'입니다

정서적 방화벽을 갖춘다는 것은 완벽한 감정 통제를 의미하지 않습니다. 완벽해질 필요도 없습니다. 중요한 것은 감정을 인식하고, 선택하며, 안전하게 다룰 수 있는 기술을 배우는 과정입니다. 그리고 이 기술을 통해 우리는 더 이상 감정에 휘둘리는 아빠가 아니라 감정을 이해하고 사용하는 아빠로 거듭날 수 있습니다. 정서적 방화벽은 아이를 보호하는 장치이면서도, 나 자신을 보호하는 장치입니다. 그리고 결국, 이 방화벽은 우리 가족 전체의 정서적 건강을 지켜주는 가장 중요한 보안 시스템이 되어줄 것입니다. 혹시 오늘 하루 중 감정이 벽을 넘어서려던 순간이 있었다면, 그 순간의 감정을 다시 떠올려보고, 다음 중 하나를 스스로에게 물어보시면 어떨까요?

- "그 감정은 나에게서 온 걸까, 아이에게서 온 걸까?"
- "내가 그 감정을 어떤 말로 전달할 수 있었을까?"
- "지금, 나는 아이의 감정을 안전하게 받아줄 준비가 되어 있는가?"

이런 질문들은 정서적 방화벽을 단단하게 쌓아가는 가장 실제적인 시작입니다.

2. 갈등 상황에 대응하는 안전 프로토콜 설정하기

　아이를 키우다 보면 갈등 상황은 피할 수 없는 코드처럼 일상 속에서 반복적으로 호출됩니다. 아침 등교 준비 중에 벌어지는 말다툼, 숙제를 안 했다는 이유로 생기는 실랑이, 스마트폰 사용 시간을 두고 벌어지는 언쟁 등이 빈번하게 일어납니다. 사실 갈등 자체로는 대단한 문제가 되지 않습니다. 문제가 되는 것은 갈등이 발생했을 때, 우리가 어떤 방식으로 반응하느냐입니다. 프로그래밍에서도 예상치 못한 에러 상황에 대비해 예외 처리(Exception Handling)라는 로직을 사용합니다. 이와 비슷하게 가정이라는 시스템에서도 갈등이라는 예외 상황이 발생했을 때, '안전하게 작동하는 대응 프로토콜'이 반드시 필요합니다. 아빠로서 먼저 감정적 보안 시스템을 갖추고, 갈등이 생겼을 때 어떻게 정서적으로 안전한 환경을 유지할 수 있을지 구체적인 전략들을 찾아보겠습니다.

> ### ★ 갈등은 오류가 아니라, 리포트이다.
>
> 우리는 종종 갈등 상황을 '실패'로 받아들이곤 합니다. 아이와 언성을 높이거나, 아내와의 대화에서 감정이 상했을 때, '또 내가 잘못했네'는 자책에 빠지기 쉽습니다. 하지만 선택이론에서는 갈등을 '부조화 상태의 신호'로 바라봅니다. 다시 말해, 이해 당사자 사이의 기본 욕구가 충족되지 않았을 때, 그 불균형이 갈등이라는 형태로 드러나는 것입니다. 예를 들어, 아이가 게임을 계속하려고 할 때, 아빠인 내가 그걸 멈추게 하려는 이유는 단순히 규율 때문만은 아닐 수 있습니다. 아이와 연결되고 싶은 욕구, 내가 통제 가능한 환경을 만들고 싶은 욕구, 나 자신의 피로감 등이 그 안에 얽혀 있을 수 있습니다. 반대로 아이는 스스로 선택하고 싶다는 자유의 욕구, 즐거움을 추구하고 싶은 욕구, 또는 스트레스 해소의 욕구를 표현하고 있는 것일 수 있습니다. 이처럼 갈등은 나의 마음속 시스템의 '알림 메시지'입니다. "지금 서로의 욕구가 충돌하고 있어요."라는 경고인 것입니다. 이런 갈등이 잘못된 코드 그 자체가 아닙니다. 이러한 갈등의 신호를 무시하거나 억누르면 문제는 점점 깊어집니다. 반

대로 이 신호를 제대로 읽고 대응하면, 관계의 질을 오히려 높일 수 있는 기회가 됩니다.

★ 감정의 버퍼링 : 반응 전에 멈추기

우리가 갈등 상황에서 자주 겪는 어려움은 '감정적 과부하'입니다. 특히, 아이가 무시하는 듯한 태도를 보일 때 혹은 반항적으로 말할 때, 아빠의 감정 CPU는 과열되기 쉽습니다. 이때 중요한 것은, 즉각 반응하지 않기입니다. 선택이론에서 말하는 다섯 가지 기본 욕구 중 하나인 '자유'는 부모인 나에게도 해당됩니다. 감정의 자동 반응에서 벗어날 자유를 말합니다. 감정이 올라올 때, "지금 나는 무엇을 느끼고 있는가?"라고 자신에게 묻는 것만으로도 감정과 나의 행동 사이에 버퍼링 시간을 줄 수 있습니다. 실제로 저는 아들과의 갈등 중, 심장이 빨리 뛰고 목소리가 커지려고 할 때, 잠깐 자리를 벗어나거나, 5초 동안 들이쉬고 5초 동안 내쉬는 심호흡을 다섯 번 정도 합니다. 때로는 "아빠 지금 조금 감정이 올라와서, 3분만 생각하고 이야기하자"라고 말하고 방에 들어가기도 합니다. 이 잠깐의 거리 두기가, 관계를 무너뜨릴 큰 말실수로부터 우리를 지켜주는 안전 프로토콜이 됩니다.

★ '감정 규칙'의 사전 설정 : 싸우기 전에 미리 약속하기

갈등은 대부분 예상치 못한 순간에 발생하지만, 우리가 그것을 대응하는 방식은 미리 설계해둘 수 있습니다. 아빠이자 남편인 나는 아내와 아이들과 각각 '감정 규칙'을 정해두었습니다. 예를 들어 이런 식입니다.

- 소리 지르지 않기
- 말을 자를 때는 손을 들어 신호 주기
- 화가 났을 땐 일단 3분간 혼자 있거나 심호흡 하기
- 무슨 일이 있어도 상대방의 인격을 비하하는 말은 하지 않기
- 갈등 이후 반드시 문제에 대해 다시 이야기 나누기

이러한 규칙은 소방 훈련처럼, 위기 상황에서 우리가 당황하지 않고 행동할 수 있게 도와줍니다. 특히, 아이와의 관계에서는 단순하고 반복 가능한 문장으로 약속을 정하는 것이 효과적입니다. 그리고 그 약속은 아빠인 내가 먼저 지키는 것이 반드시 필요합니다. 아이는 지시보다 본보기를 통해 배우기 때문입니다.

★ '감정 로그'를 기록하기
: 갈등 이후를 위한 로그 파일 남기기

프로그래머들이 오류가 발생했을 때 디버깅을 위해 로그 파일을 확인하듯이, 갈등 이후 우리도 '정서 로그'를 기록하는 습관을 들일 수 있습니다. 갈등이 지나간 후, 혼자서 이렇게 써봅니다.

- 갈등이 일어난 순간 나는 어떤 감정을 느꼈나?
- 아이는 어떤 감정을 표현했나?
- 나의 반응은 감정을 조절한 것이었나, 감정에 휘둘린 것이었나?
- 다음의 비슷한 상황에서는 어떤 방식으로 지금과 다르게 대응할 수 있을까?

이런 기록은 단지 반성을 위한 것이 아니라, 다음 버전을 위한 리팩토링의 과정입니다. 리팩토링을 통해서 유사한 에러를 줄이고, 더 나은 코드로 시스템을 업그레이드하는 과정이라는 것을 꼭 기억해야 합니다.

★ '함께 회복하는 루틴' 만들기 : 회복의 리커버리 코드

갈등 이후 중요한 것은 '복구'입니다. 선택이론에서 말하는 '소속감'과 '사랑의 욕구'는 갈등 이후 더욱 크게 요구되고는 합니다. 특히 아이들은, 혼이 난 이후 혼자 남겨질 때 깊은 불안을 경험합니다. 따라서 갈등 이후 반드시 '회복 루틴'을 실행하는 것이 필요합니다. 예를 들어, 아이와 갈등이 있었던 날 밤에는 이렇게 말해줍니다.

"아까 네 말 끝까지 못 듣고 내가 화부터 냈지. 그건 아빠가 잘못했어. 다시 생각해보니, 네 입장에서 그럴 수도 있었겠구나 싶더라."

이런 말을 하더라도 아이의 기분이 바로 풀리지는 않을 수 있습니다. 그렇다고 할지라도 아이에게 시간을 주는 것이 필요합니다. 기다리고 있을 것이고, 언제든지 아이의 이야기를 들을 준비가 되었다고 이야기해주는 것이 필요합니다.

★ 아내와의 갈등에도 적용되는 안전 프로토콜

갈등은 자녀와의 사이에서만 일어나는 것은 아닙니다. 사실, 아빠의 입장에서 가장 자주 겪는 갈등은 배우자와의 사이일 수도 있습니다. 부부 사이에 갈등이 있을 때 가장 흔한 오류는

"아이 앞에서는 싸우지 말자"라는 원칙만을 고집하다, 갈등 자체를 무시하거나 억누르는 것입니다. 그러나 안전 프로토콜의 핵심은 갈등을 피하는 것이 아니라, 건강하게 표현하고 회복하는 과정을 투명하게 보여주는 것에 있습니다. 아이 앞에서 감정이 격해졌다면, 회복의 장면도 반드시 함께 보여줘야 합니다.

"엄마, 아빠가 아까 말다툼을 했는데, 지금은 서로 이야기하고 이해했어. 다시 잘 지내기로 했단다."

이런 투명함이 아이에게는, 갈등이 일어나도 회복할 수 있다는 신뢰와 안전감을 줍니다. 이것이 정서적 보안에서 가장 중요한 요소입니다.

★ 부모의 자기조절 능력 : 감정의 관리자 되기

부모가 되었다는 것은 감정의 관리자 권한을 부여받은 것과 같습니다. 시스템 관리자가 서버에 무리한 명령을 내릴 때 전체 시스템이 멈추는 것처럼, 아빠의 감정 폭발은 가족 시스템 전체에 매우 큰 영향을 미칩니다. 따라서 아빠는 감정을 억누르거나 없애는 것이 아니라, 감정의 흐름을 조절하고, 표현을 선택하는 능력을 길러야 합니다. 선택이론에서는 '외부 자극보다 나의 선택이 반응을 결정한다'는 인식을 강조합니다. 갈등의 원인은 외부 자극일 수 있지만, 반응은 나 자신의 선택이기 때문입니다.

★ 정서적 보안을 위한 신뢰 구축
: 아이의 신호를 먼저 듣기

마지막으로, 갈등 상황에서 안전한 프로토콜을 만들기 위해 가장 중요한 것은 신뢰입니다. 아이가 '갈등이 생겨도, 아빠는 나를 공격하지 않고 이해하려 할 거야'라는 믿음을 가질 수 있도록 평소의 대화 속에서 신호를 읽어주는 것이 필요합니다. 아이의 표정이 어두울 때, "무슨 일 있었어?"보다는 "오늘 너한테 좀 힘든 일이 있었던 것 같아. 말해줄 준비가 되면 언제든 듣고 싶어."라는 말이 더 큰 안전망이 됩니다. 이는 갈등을 예방하는 동시에, 갈등이 생겼을 때도 안전한 복구가 가능한 환경을 만들어 줍니다.

★ 갈등을 품는 기술, 그것이 아빠의 힘

갈등이 없는 가정은 없을 것입니다. 중요한 것은 갈등이 일어났을 때 '어떻게 대처하는가'입니다. 프로그래밍의 예외 처리처럼, 감정적 충돌이 일어났을 때 안전하게 시스템을 보호하고 회복할 수 있는 프로토콜을 준비하는 것. 그것이 아빠로서 가져야 할 리더십입니다. 그리고 무엇보다 중요한 한 가지는, 그 프로토콜의 첫 번째 사용자이자 지켜야 할 사람은 바로 아빠 자신이라는 점입니다. 아빠인 내가 정서적으로 안전할 때, 아이와 아내에게도 그 안전함을 전할 수 있습니다.

3. 오류 보고서
: 실수했을 때의 대처법

　소프트웨어 개발을 하다 보면, 아무리 철저히 검토하고 테스트해도 늘 예상치 못한 오류가 발생하곤 합니다. 개발자라면 누구나 '버그 없는 코드는 없다'는 말을 한 번쯤 들어봤을 것입니다. 이 말은 단순히 현실을 받아들이자는 뜻이 아니라, 그 실수를 어떻게 다루는지가 더 중요하다는 것을 말하는 것입니다. 아빠로서의 역할도 이와 다르지 않습니다. 완벽할 수 없습니다. 아이를 키우며 실수하지 않고 살아가는 부모는 이 세상에 존재하지 않습니다. 다만, 실수했을 때 어떤 태도와 방식으로 그것을 인정하고, 회복하며, 다시 관계를 복구하는지가 아빠 프로그램의 안정성과 신뢰성을 결정하는 핵심입니다.

우리가 만든 시스템에 오류가 생겼을 때 가장 먼저 하는 일은 무엇일까요? 바로 로그를 확인하고, 문제의 원인을 파악한 후, 수정 패치를 적용하는 것입니다. 문제를 맞닥뜨렸을 때 감정적으로 반응하거나 문제를 무시한다고 해서 시스템이 알아서 회복되지는 않습니다. 오히려 그럴수록 문제는 더 커지고, 다른 모듈에까지 영향을 미치게 됩니다. 이러한 현상은 인간관계, 특히 가족 관계에서도 동일하게 적용됩니다. 아빠로서 무언가를 잘못했을 때, 특히 아이에게 상처를 주었거나 아내와의 갈등에서 실수를 했을 때, 그 상황을 있는 그대로 마주하고, 솔직하게 인정하며, 적절한 회복 단계를 밟는 것이 중요합니다.

★ 실수를 인식하는 용기 : 디버깅의 시작점

많은 아빠가 실수를 깨닫고도 외면하는 이유는 체면 때문일 것입니다. "아빠가 뭘 몰라서 그랬겠니?", "다 너 잘 되라고 한 말이야"라는 표현 뒤에는 사실상 자신의 오류를 인정하지 않으려는 마음이 숨어 있을 수 있습니다. 이는 아이에게 "아빠는 실수하지 않는다."라는 잘못된 메시지를 전달할 수 있으며, 동시에 아이는 자신의 감정이 무시당했다고 느끼게 됩니다. 선택이론에 따르면 관계 갈등의 대부분이 통제하려는 욕구에서 비롯된다고 말합니다. 실수를 인정하지 않는 태도 역시 통제의 일

환입니다. 내가 실수했음을 받아들이면 권위가 줄어들 것 같고, 아이가 나를 우습게 볼 것 같다는 두려움이 그 밑에 깔려 있는 경우가 많습니다. 하지만 오히려 정직하게 실수를 인정하는 태도는 아이에게 '책임지는 어른'의 모습을 보여주는 훌륭한 기회가 됩니다. 예를 들어, 아이에게 화를 내고 난 후, 자신이 과하게 반응했음을 인식한 아빠는 이렇게 말할 수 있습니다.

"아빠가 아까 너한테 큰소리 낸 건, 사실 네가 아니라 아빠가 회사에서 너무 힘들었던 일이 있었기 때문이야. 그 감정을 너한테 쏟은 건 아빠 실수였어. 미안해."

이 한마디는 아이의 마음을 다시 열고, 관계를 회복하는 시작점이 됩니다.

★ 사과는 책임 전가가 아니라 책임 수용

사과는 쉬운 것 같지만, 생각보다 어려운 일입니다. 진정한 사과는 변명 없이 자신의 행동에 대한 책임을 인정하고, 상대방의 감정을 온전히 받아들이는 태도입니다. 종종 아빠들이 이렇게 말합니다. "네가 그렇게 하니까 아빠가 화가 났잖아." 이런 말은 사과가 아니라 감정의 책임을 아이에게 떠넘기는 행동입니다. 이런 말을 들으면 아이는 오히려 죄책감을 느끼고, 상황이 본질적으로 해결되지 않은 채 다음 갈등의 불씨가 남게 됩니다. 책 《비폭력 대화》에서 마셜 로젠버그는 "진심 어린 사과는 '내가 당신에게 고통을 줬음을 인식하고 있으며, 그것이 나에게도 고통스럽다'는 표현이다"라고 말합니다. 즉, 사과라는 것은 단지 지금의 문제 상황을 모면하기 위한 도구가 아니라, 관계를 회복하기 위한 정서적 다리입니다. 아빠로서 진정한 사과를 하기 위해서는 다음의 3단계를 따를 수 있을 것입니다.

1. **구체적으로 무엇이 문제였는지를 말하기** : "아빠가 네 말 끝까지 듣지 않고 끊은 게 잘못이었어."
2. **상대의 감정을 인정하기** : "그래서 네가 많이 속상했을 거야."
3. **책임을 명확히 하기** : "그건 아빠의 실수였어. 네 잘못이 아니야."

위의 과정은 아이가 "아, 아빠도 실수할 수 있는 사람이구나"라는 생각을 하게 하며, 동시에 자신도 실수를 하더라도 사과를 두려워하지 않는 사람이 되는 밑거름이 됩니다.

★ 실수 이후 복구 루틴 : 시스템 리커버리 프로세스

단순히 '미안해'라고 말하는 것만으로는 회복이 완성되지 않습니다. 시스템이 오류를 복구하듯, 관계도 회복을 위한 일관된 루틴이 필요합니다. 이때 중요한 것은 행동입니다. 말과 행동이 함께할 때 아이는 진심을 느낄 수 있습니다. 예를 들어, 사과한 뒤 아이가 좋아하는 활동을 함께 하거나, "오늘 하루 네가 하고 싶은 걸로 같이 놀자"고 제안하는 것도 좋은 방법입니다. 회복 루틴은 아빠와 아이 사이의 감정적 신뢰를 다시 구축하는 과정입니다. 특히 청소년기 아이들과는 직접적인 스킨십보다는 이런 제안이 효과적일 수 있습니다.

"오늘 저녁은 너 먹고 싶은 걸로 배달시켜볼까?"
"오늘 네가 추천하는 영화 같이 볼래?"

이러한 제안은 아이에게 '아빠에게는 네가 소중하다'는 메시지를 행동으로 전달하는 방법이 됩니다.

★ 반복 방지를 위한 피드백 로깅

실수는 누구나 할 수 있지만, 같은 실수를 반복하지 않기 위해선 반드시 로그를 남기고 원인을 분석해야 합니다. 이 원칙은 감정적 실수에도 적용됩니다. 아이에게 화를 낸 이유, 아내와 언쟁을 벌인 원인 등을 감정 로그로 남기는 습관이 도움이 됩니다. 이를 위해 감정 일기 혹은 회고 저널을 활용할 수 있습니다. 하루의 끝에 다음과 같은 항목을 적어보는 것입니다.

- 오늘 감정이 폭발한 순간은 언제였는가?
- 그 상황에서 나는 어떤 감정을 느꼈는가?
- 그 감정은 어디서 온 것 같았는가?
- 다음엔 어떻게 대처하면 좋을까?

이러한 로그는 일종의 학습 데이터입니다. 시간이 지날수록 나의 반응 패턴을 이해하게 되고, 예측할 수 있으며, 점점 더 나은 대응을 할 수 있게 됩니다.

★ 실수는 기회가 된다 : 성장의 발판으로 삼기

자기 계발 이론에서도 공통으로 강조하는 한 가지는 실수는 성장의 기회라는 것입니다. 존 맥스웰의 《실패에서 성공으로》에서는 실수라는 경험을 '성장의 연료'라고 표현합니다. 아이와의 관계에서도 마찬가지입니다. 아이와의 관계에서 실수는 단순한 실패가 아니라, 아이와의 관계를 더 단단히 만들 수 있는 기회로 바라볼 수 있습니다. 그리고 이러한 실수 경험은 아이와의 관계에서 소중한 자산이 됩니다.

실수를 분석하고, 그 안에서 배우고, 다시 도전하는 이 순환 과정은 아빠로서의 성장뿐 아니라, 아이에게도 중요한 인생 모델을 제시해줍니다.

　모든 사람은 모두 실수합니다. 실수하지 않는 사람은 존재하지 않으며, 그렇기 때문에 완벽한 아빠도 없습니다. 중요한 것은 실수 이후에 무엇을 선택하느냐입니다. 실수를 어떻게 마주하고, 어떻게 회복하고, 어떻게 다시 연결하는지가 자녀와의 관계를 더욱 단단하게 만듭니다. 다음에 실수하셨을 때, 이 말을 떠올려보기를 추천합니다.
　"지금은 오류가 아니라, 리커버리 프로세스의 시작이다."

4. 아이의 신뢰를 얻는 API 설계

개발자에게 API란, 시스템과 시스템을 잇는 인터페이스입니다. 요청을 보내면, 그에 맞는 응답을 돌려주는 구조입니다. 예를 들어본다면, 스마트폰으로 날씨 앱을 실행하면, 앱은 서버에게 "오늘 날씨 알려줘"라는 요청을 보내고, 서버는 실시간 기온과 예보를 응답으로 돌려줍니다. 사용자는 보이지 않는 이 흐름을 통해 필요한 정보를 얻습니다. 아이와 아빠 사이의 관계도 이와 유사합니다. 아이는 눈에 보이지 않게 우리에게 많은 요청을 보냅니다. "나 지금 힘들어", "이 문제 나 혼자 못 풀겠어", "내 마음 좀 알아줘"와 같은 신호들을 보내고 있습니다. 그리고 그 요청에 아빠가 어떻게 응답하느냐에 따라, 아이는 신뢰를 주기도 하고, 신뢰를 닫아버리기도 합니다.

★ 신뢰의 정의부터 점검하기
: 나의 API는 안정적인가요?

심리학자 에릭 에릭슨(Erik Erikson)은 인생의 초기 단계에서 '신뢰 vs 불신(trust vs mistrust)'이라는 심리적 과업을 제시했습니다. 이 과업을 잘 통과하면, 세상을 믿고 나아갈 수 있는 기반이 형성되며, 그렇지 않으면 세상은 두렵고 혼란스러운 곳이 됩니다. 중학생 자녀라고 해서 이 과업이 끝난 게 아닙니다. 이 시기엔 오히려 신뢰의 재점검이 일어납니다. 초등학교 시절까지는 부모에게 전적으로 의존하며 신뢰를 쌓아가지만, 사춘기가 시작되면서 아이는 점점 부모와의 거리감을 실험하기 시작합니다. '이 사람은 나를 있는 그대로 존중해줄까?', '내 얘기를 들어줄까?', '내가 실패해도 비난하지 않을까?'와 같은 질문들을 던지며 부모를 시험합니다. 이 시기의 아이에게는 '항상 예측 가능한 응답'을 주는 것이 핵심입니다. 마치 안정적인 API처럼, 요청을 보냈을 때 일관되고, 안전한 응답을 돌려주는 것입니다.

★ API 설계 1단계 : 기본 메서드 정의하기

소프트웨어 API에는 여러 메서드가 존재합니다. RESTapi를 든다면, GET(정보 요청), POST(새로운 저장 요청), PUT(정보 갱신), DELETE(삭제 요청) 같은 방식들을 말합니다. 자녀와의 관계에서도 이런 메서드를 정의할 수 있습니다.

1. GET : 정보를 요청할 때

아이가 "아빠, 이 문제 좀 봐줘"라고 말했을 때, 아빠는 단순히 답을 주는 것이 아니라, 아이가 어떤 경로로 그 질문을 하게 되었는지 궁금해해야 합니다. 예를 들어본다면 아래와 같을 것입니다.

"이 문제 어디서 막혔어?"

"혹시 선생님이 이거 설명해줬을 때 무슨 예시 들었는지 기억나?"

이렇게 질문을 열어주는 방식은, 아이에게 '나의 사고 과정에 관심을 갖는 아빠'라는 인식을 줍니다.

2. POST : 감정이나 사건을 전달할 때

아이가 학교에서 있었던 일을 이야기할 때, 비난이나 충고보다 감정 자체에 반응해주는 것이 필요합니다.

"오늘 그 일 많이 속상했겠다"

"그렇게 말 들으면 화나지"

감정이 담긴 요청에 논리로 응답하면 API 오류가 발생합니다. 감정의 요청에는 감정으로 응답하는 것이 원칙입니다.

3. PUT : 내 생각을 말하고 싶을 때

아빠로서 아이에게 전달하고 싶은 말이 있을 때, 먼저 아이의 상태를 점검하는 것이 중요합니다. 예를 들어,

"지금 얘기해도 괜찮을까? 네 얘기를 먼저 듣고 싶어서 그래."

이런 전제 조건이 있어야 PUT 메서드는 오류 없이 실행됩니다.

4. DELETE : 지우고 싶은 기억이나 행동에 대하여

아이가 실수했을 때, 지우고 싶어 하는 기억이 있을 수 있습니다. 이때는,

"사람은 누구나 실수할 수 있어. 중요한 건 그다음이야."

"이건 너의 전체가 아니야. 그 한순간일 뿐이야."

이렇게 말해주는 것이, 아이의 자존감을 보호하는 응답입니다.

> ★ 신뢰를 얻는 API의 3대 특성
> : 일관성, 예측 가능성, 응답 속도
> ● ● ● ● ● ● ● ● ● ● ● ● ● ● ● ●
>
> 자녀와의 신뢰를 설계할 때 가장 중요한 세 가지는 다음과

같습니다.

1. **일관성**(Consistency) : "아빠 기분 좋을 땐 뭐든 다 허락하고, 기분 나쁘면 말도 안 통하는 사람 같아." 이런 말, 아이에게서 들어보신 적 있으신가요? 일관성은 아이에게 정서적 안전감을 주는 제1요소입니다. 특히 사춘기의 아이는 신체적 심리적 변화를 겪는 시기라, 외부 세계에서 흔들리는 만큼 집에서는 예측 가능한 보호막이 필요합니다.

2. **예측 가능성**(Predictability) : 아이가 실수했을 때, 아빠의 반응이 항상 비난인지, 대화를 시도하는지, 모호하게 처리하는지에 따라 '신뢰도'가 쌓이기도, 무너지기도 합니다. 예를 들어본다면, "너 이번에 또 이랬지?"라는 식의 비난이라면 신뢰는 하락할 것입니다. 반면에 "이번엔 어떻게 된 거야? 말해줄 수 있겠니?"와 같이 대화의 시도는 신뢰를 높일 수 있는 기회가 될 것입니다.

3. **응답 속도**(Responsiveness) : 아이가 말을 걸었을 때, "응, 잠깐만."과 같이 구체적인 시간 제안 없이 미루는 것이 습관화되면, 아이는 점점 부모와의 대화를 줄이게 됩니다. 당장 해결해주지 못하더라도, "지금 바로는 어렵지만, 저녁 먹고 얘기하자. 아빠는 네 얘기 듣고 싶어."와 같이 응답할 수 있는 시간에 대해 구체적으로 약속하고 그 시간을 지키는 것이 중요합니다.

★ 선택이론과 자기 계발을 기반으로 본 신뢰 API

선택이론은 인간의 행동은 기본 욕구를 충족시키기 위해 선택된 결과라고 설명합니다. 특히 청소년 시기의 아이에게 중요한 욕구는 다음 두 가지입니다.

1. **사랑과 소속감** : 아이는 '아빠는 언제든 나의 편이야'라는 감각을 통해 자신감을 얻습니다. "넌 아빠한테 언제든 얘기할 수 있어"라는 말보다, 실제로 그 말이 맞다는 것을 반복 경험하게 해야 합니다.
2. **자율성** : 통제가 아닌, 선택을 할 수 있는 자유가 아이에게 주어질 때 신뢰는 깊어집니다. "이 셔츠 입고 가"보다는 "이 셔츠랑 이 셔츠 중에 뭐 입고 싶어?"라고 묻는 태도가 필요합니다. 아이가 직접 선택할 수 있는 영역을 넓혀주는 것이, 결국 부모를 더 신뢰하게 만드는 역설적인 방법이 됩니다.

스티븐 코비(Stephen Covey)의 《성공하는 사람들의 7가지 습관》에서도 신뢰는 관계의 통장(bank account)과 같다고 표현합니다. 신뢰의 예금을 계속 넣어야, 위기의 순간에 인출 가능한 신뢰가 있을 수 있다는 것입니다. 이 신뢰 예금의 대표적인 항목은 다음과 같습니다.

- **작은 약속도 지키기** : "이따가 얘기하자"라는 말은 작은 약속입니다. 잊지 않고 지키면, 아이는 아빠를 신뢰합니다.
- **비밀을 지켜주기** : 친구 얘기, 학교 얘기를 꺼내며 "아빠, 이건 엄마한테 말하지 마."라고 한 아이의 요청을, 가볍게 넘긴다면 그 순간 예금은 마이너스로 돌아섭니다.
- **정직하게 인정하기** : "아빠도 그땐 너무 감정적이었어. 미안하다." 실수한 것을 인정할 줄 아는 어른은, 아이에게 최고의 롤모델입니다.

★ 에러 핸들링 : 신뢰가 무너졌을 때 어떻게 회복할까?

모든 API에도 예외 상황이 있습니다. 데이터가 잘못되었거나, 서버가 다운되었을 수도 있습니다. 부모와 아이 사이도 마찬가지입니다. 실망을 줬을 때, 신뢰를 잃었을 때 회복하는 방법은 다음과 같습니다.

1. **빠른 사과, 진심 어린 태도** : "아까 아빠가 너한테 너무 크게 화냈지. 이유가 어찌 됐든, 그건 아빠가 잘못한 거야."
2. **반복 확인** : "그래서 네 마음은 어땠어?"와 같이 사과 후에도 아이의 감정을 계속 물어봐 주는 것이 회복의 핵심입니다.

3. **예방적 응답 설계** : 상황을 예상하고 미리 아이에게 설명하는 것도 효과적입니다. "아빠가 요즘 일이 많아서 좀 예민한데, 네가 말 걸었을 때 바로 반응 못 할 수도 있어. 혹시 그런 일 생기면 너 때문이 아니라는 거 꼭 기억해 줘."와 같이 아이의 입장에서 아빠의 행동을 예측할 수 있도록 알려주는 것이 필요합니다.

> ★ 신뢰 API는 '느린 프로그래밍'의 결과입니다.

신뢰 API는 하루아침에 완성되지 않습니다. 수없이 테스트하고, 사용자 피드백을 받고, 리팩토링하면서 신뢰성 있는 시스템으로 자리 잡습니다. 아이와의 관계도 같습니다. 사춘기의 아이들은 더 이상 부모의 말에 순응만 하지 않습니다. 본인의 사고와 감정을 실험하고, 부모가 안전한 인터페이스인지 시험합니다. 이 시기에 신뢰를 잃으면, 아이는 '자체 보안 모드'에 들어가고, 부모와의 연결을 끊습니다. 하지만 반대로, 이 시기에 신뢰를 얻으면, 아이는 가장 필요할 때 부모라는 든든한 API를 호출하게 됩니다. 당장 응답하지 못해도 괜찮습니다. 중요한 것은, 아이가 보낸 요청을 받아들일 준비가 되어 있다는 태도입니다.

5. 보호자 모드 vs 관리자 모드
: 통제 아닌 보호로

"공부 좀 해라.", "휴대폰 그만 보고 자라.", "대체 왜 말을 그렇게 하니?"

이런 말들이 너무 익숙하게 들리신다면, 지금 우리는 '관리자 모드'로 자녀를 대하고 있을 가능성이 높습니다. 특히 사춘기 자녀를 둔 아빠라면 더욱 그러할 것 같다고 생각합니다. 이제 막 정서적 독립을 시도하는 중학생 아이에게 아버지가 통제 중심의 '관리자'로만 접근한다면, 두 사람 사이에는 자꾸 오류 메시지가 뜨고 결국엔 시스템 충돌처럼 갈등이 터지기 쉽습니다. '관리자 모드'와 '보호자 모드'의 차이는 무엇일까요?

★ 관리자 모드란 무엇일까?

IT 시스템에서 관리자는 시스템 전반을 감독하고, 이상 징후가 있으면 개입하여 문제를 해결합니다. 전체적인 설정을 변경하거나 접근을 제한할 수 있는 권한을 갖습니다. 아빠가 아이에게 '관리자'처럼 행동할 때는 이런 모습이 보입니다.

- 행동을 직접 지시하고
- 결과를 감독하며
- 잘못된 부분을 바로잡으려 하고
- 일정 수준의 성과를 기대하며
- 기준을 넘어섰을 때 경고나 제재를 줍니다.

이런 방식은 마치 프로그램이 예상한 방식대로 작동하지 않으면 오류 처리 루틴을 가동시키는 것처럼, 아이의 모든 선택을 '예정된 루트'로 안내하려는 시도와 비슷합니다. 하지만 사람은 프로그램이 아니고, 특히 사춘기 청소년은 '자율 시스템'을 개발 중인 중간 단계의 존재입니다. 관리자 모드는 단기적으로는 편리하게 느껴질 수 있습니다. 그리고 성과가 눈에 보일 수도 있습니다. 하지만 '관리자 모드' 방식은 자율성과 신뢰의 성장을 방해할 수 있습니다. 이 시기의 아이는 더 이상 단순한 하위

계층의 '모듈'이 아니기 때문입니다.

★ 보호자 모드는 뭐가 다를까?

보호자 모드는 시스템의 루트를 직접 수정하거나 명령을 입력하는 것이 아니라, 아이가 스스로 실행할 수 있는 환경과 리소스를 제공하고, 위험 상황에는 감싸주는 '보안 프로토콜' 같은 역할입니다. 아빠가 아이에게 '보호자 모드'로 행동한다면 이런 모습이 보입니다.

- 아이의 선택을 존중하며
- 필요한 경우에만 가이드라인을 제시하고
- 스스로 실패하거나 경험할 수 있는 기회를 열어주며
- 감정적인 안전을 확보해 주고
- 결정의 책임을 아이 스스로 지게 합니다.

'보호자 모드'를 한마디로 이야기하면, 아이의 자기 주도권을 보호하면서 정서적인 백업 시스템이 되어주는 것입니다.

★ 왜 사춘기에는 보호자 모드가 더 필요할까?

사춘기는 뇌 발달의 중요한 전환기입니다. 전두엽의 판단 기능은 아직 미완성이며, 감정 중심의 뇌인 편도체는 더 강하게 작동합니다. 그래서 이 시기 아이들은 감정적으로 과잉 반응하거나 충동적으로 행동하는 경향이 있습니다. 이 시기의 자녀에게 지나치게 관리자 모드로 접근하면, 두 가지 결과가 나타날 수 있습니다.

1) **반항과 저항의 강화** : "하지 말라면 더 하고 싶어."
2) **내면화된 무기력** : "나는 아빠가 원하는 만큼 안 되는 사람인가 봐."

하지만 보호자 모드는 이런 감정의 파도 속에서도 아이가 스스로 균형을 잡아갈 수 있도록 돕는 역할을 합니다. 가이드는 하되, 운전대는 아이 손에 쥐여주는 방식입니다.

★ 선택이론으로 바라본 관리자 vs 보호자

선택이론에 따르면, 사람은 아래의 다섯 가지 기본 욕구를 가지고 있습니다.

- 생존, 소속, 힘, 자유, 즐거움

사춘기 자녀는 특히 '힘'과 '자유'의 욕구가 강하게 발현되는 시기입니다. 이 욕구는 아이가 자율성을 확보하고, 자신의 선택에 대해 책임을 지는 방향으로 성장할 수 있도록 이끄는 동력이 됩니다. 관리자 모드는 아이의 자유와 힘의 욕구를 억압하게 되고, 보호자 모드는 그 욕구를 현실적으로 충족시키도록 돕는 조력자가 됩니다. 예를 들어 아이가 늦게까지 스마트폰을 사용할 때, 관리자 모드의 아빠는 이렇게 말할 수 있습니다.

"9시 넘으면 무조건 그만 봐. 안 그러면 뺏을 거야."

반면 보호자 모드의 아빠는 이렇게 말할 것입니다.

"너의 시간을 네가 스스로 잘 조절하는 게 중요해. 내일 일어나는 데 문제가 되면, 그건 네 책임이야. 필요하면 도와줄게."

단순한 말 한마디지만, 아이의 자율성과 책임감을 어떻게 바라보는지에 따라 전달되는 메시지는 전혀 달라집니다.

★ 보호자 모드 실천을 위한 세 가지 방법

1. 감정 사이에 '여유 시간' 삽입하기

아이의 말이나 행동에 즉각 반응하지 않고, 감정의 트리거를 인식한 후 3초만 멈춥니다. 선택이론에서도 강조하듯, 우리가 통제할 수 있는 유일한 것은 '외부에 자극에 대한 나의 반응'입니다.

'아, 지금 아이가 말대답을 했어. 내가 화가 났다는 걸 알았어. 그런데 지금 바로 지적하는 건 관리자 모드야. 보호자 모드로 전환하자.'와 같이 '내부 대화'를 하는 연습은 보호자 모드를 실행할 수 있는 중요한 습관입니다.

2. "너는 어떻게 생각해?"라는 질문을 자주 사용하기

이 질문은 아이를 수동적인 '명령 수신자'가 아닌 '생각하고 판단하는 존재'로 대우하는 방식입니다. 아이는 이런 질문을 통해 스스로 사고하는 훈련을 하게 됩니다.

- "이 문제는 어떻게 해결하면 좋을까?"
- "넌 네 행동이 어떤 영향을 줬다고 생각해?"
- "다시 한다면 어떻게 할 것 같아?"

이런 질문을 받은 아이는 '내 의견이 중요하구나'라는 느낌을 받으며, 아빠와의 관계에 신뢰를 쌓게 됩니다.

3. 실패의 경험을 허용하기

보호자 모드는 아이가 실패하는 것을 '문제'로 여기지 않습니다. 오히려 아이의 학습 기회로 봅니다. 예를 들어, 시험 준비를 미루다가 점수가 낮게 나왔을 때, 관리자 모드는 이렇게 말

합니다.

"봐라, 내가 그럴 줄 알았다. 그러니까 일찍 좀 하라고 했잖아."

반면 보호자 모드는 이렇게 이야기할 것입니다.

"이번 경험이 어떤 점에서 아쉬웠어? 다음엔 어떻게 해보고 싶어?"

실패를 통해 학습하게 하고, 그 책임을 아이 스스로 지게 만드는 것은 보호자 모드의 핵심입니다.

★ 보호자 모드로 전환하면서 생기는 갈등은 자연스러운 것일까?

처음 보호자 모드로 아이를 대할 시작하면, 아이도 아빠도 어색하고, 때로는 오히려 갈등이 더 심해지는 것처럼 느껴질 수 있습니다. 관리자 모드와 다르게 보호자 모드는 '빠른 결과'를 보장하지 않기 때문입니다. 마치 시스템을 처음부터 리팩토링하는 것처럼, 안정화까지는 시간이 걸리지만, 한 번 구조가 정착되면 지속 가능한 방식이 됩니다. 이 과정을 견디기 위한 힘은 아빠 스스로의 자기 인식과 감정 관리 능력에서 나옵니다.

- "내가 화났을 때, 아이를 통제하려 들고 있진 않은가?"

- "이건 아이의 문제인가, 아니면 내 불안 때문인가?"
- "이 상황에서 내가 통제하고 싶은 충동은 어디서 왔는가?"

이 질문들을 스스로에게 던져보는 연습은 아빠의 보호자 모드를 단단하게 만들어 줍니다.

★ 보호자 모드는 '약한 태도'가 아닙니다

"그럼 다 아이 맘대로 하게 놔두란 말인가요?" 이렇게 생각할 수 있습니다. 혹은 보호자 모드를 계속하게 된다면 아이의 버릇이 없어지는 것은 아닐지 걱정이 되기도 합니다. 하지만 보호자 모드는 결코 방임이 아닙니다. 방임은 '관심 없음'이고, 보호자 모드는 '관심은 있지만 간섭은 줄이는 방식'입니다. 보호자 모드의 아빠는 아이를 너무 풀어놓지도, 너무 조이지도 않습니다. 그 균형의 핵심은 신뢰입니다. 아빠는 아이를 믿고, 아이도 아빠를 믿는 것입니다. 아이의 가능성을 신뢰하고, 아이도 자신의 책임감을 배우는 기회가 됩니다. 이러한 신뢰의 고리가 완성될 때, 보호자 모드는 강력한 성장 환경이 됩니다.

★ 아빠도 보호자 모드로 업데이트가 필요하다

보호자 모드는 아빠에게도 새로운 태도, 새로운 언어, 새로운 감정 처리 방식이 요구되는 업데이트입니다. 기존의 관리자 모드는 '권위'라는 프로그램에 맞춰 설계되었다면, 보호자 모드는 '관계'라는 새 운영체제에서 작동합니다. 사춘기의 아이는 OS가 바뀌고 있다는 것을 인정하는 것입니다. 그리고 그에 맞는 새로운 API로 소통을 시도해야 합니다.

"내가 아이를 제어할 수 없다는 사실을 받아들일 때, 비로소 아이와 연결될 수 있다."라는 것을 기억해야 합니다.

연결의 방식, 그 연결의 언어, 그 연결의 마음이 바로 보호자 모드입니다.

8장

나와의 화해

> "부모를 이해한다는 것은,
> 사랑을 지켜내기 위한 준비를 하는 것과 같습니다.
> 그리고 이는, 아이를 사랑하려는 나의 마음을
> 더 깊고 단단하게 만들어 줍니다."

1. 원시 코드
: 부모를 이해한다는 것

　내가 나를 이해하려 할 때, 가장 먼저 만나게 되는 장벽 중 하나는 바로 나의 부모입니다.
　"왜 우리 부모는 그렇게 말했을까?"
　"왜 어릴 때 나는 그렇게 힘들었을까?"
　"왜 아직도 나는 그때 그 말을 기억하고 있을까?"
　이런 질문들을 떠올리며 우리는 자주 부모를 원망하거나, 때론 회피하거나, 혹은 너무 빠르게 이해하려 합니다. 하지만 감정이 뒤섞인 채로 해석해 버리면 오히려 본질에서 멀어지기도 합니다. 우리가 정말 이해해야 하는 건, 부모의 말이나 행동 그 자체가 아니라, 그 안에 내재된 '원시 코드'입니다. 이 코드는 프로그램으로 치면 시스템의 최하단에 있는 기본 입력값들이자, 의식과 무의식을 넘나들며 우리의 삶에 영향을 끼치는 '기본값(Default)'입니다. 부모를 이해하는 일은, 내가 자식으로 살아온 환경을 디버깅하는 과정입니다. 그리고 이는 곧 내가 어떤 패턴을 자녀에게 물려주고 있는지를 파악하는 첫걸음이기도 합니다.

★ 부모도 코드로 짜인 존재였다

아이의 눈으로 바라보았던 나의 아빠는 완전하고, 강하고, 때로는 무서운 존재였습니다. 하지만 지금, 아빠가 된 지금에서야 보입니다. 우리 부모도 그저 당시 환경과 생존 전략으로 작성된 코드를 따라 살던, '업데이트되지 않은 프로그램'이었음을 말입니다. 그들의 말투, 감정 처리 방식, 의사결정 패턴은 단순히 그들이 만든 게 아니라 그들 부모로부터, 더 과거로부터 물려받은 코드의 반복이었습니다. 예를 들어, 감정이 격해지면 말을 멈추고 화를 내던 모습은 사실 그들이 감정을 말로 표현할 수 있도록 배운 적이 없었기 때문입니다. 선택이론에서 말하듯, 모든 행동은 '욕구'에서 비롯됩니다. 그 욕구는 사랑, 소속감, 자율성, 즐거움, 생존이라는 다섯 가지 중 하나입니다. 부모가 자주 내게 상처 주는 말을 했던 것도, 결국 그들이 채워지지 않은 욕구 때문에 생긴 반응일 수 있습니다. 예를 들어 "너는 왜 이것밖에 못 하니?"라는 말은 '자기 가치감'이 결핍된 사람에게서 자주 나오는 말입니다. 본인이 충분히 인정받지 못했기 때문에, 자식에게 성취를 요구하면서 자신의 결핍을 메우려 하는 것이죠. 마치 오류가 나는 코드의 반복처럼, 자신도 모르게 같은 말을 반복하는 것입니다.

★ 나를 디버깅하려면 부모의 로그부터 열어야 한다

심리학자 브루스 페리 박사는 "아이의 뇌는 부모의 뇌를 보고 학습한다."라고 말했습니다. 이 말은 우리도 마찬가지라는 뜻입니다. 어릴 때 부모의 감정 처리 방식, 갈등 해결 방법, 기대와 질책의 표현 방식을 무의식적으로 '보고' 배웠습니다. 그것이 지금 내가 아이를 대하는 방식이 되었고, 아내와의 갈등 중 나도 모르게 튀어나오는 말투가 되었습니다. 그래서 중요한 건, 부모를 단순히 '용서'하는 것이 아니라, 분석하고 디버깅하는 것입니다. 즉, 감정적으로 덮거나 도망치는 것이 아니라, 분석이 필요합니다. 그들이 어떤 환경에서 어떤 선택을 했고, 그로 인해 어떤 반응을 보였는지를 이해해 보면, 그저 그 사람도 자기 방식대로 살아내려 했던 한 사람임을 보게 됩니다. 여기서 말하는 이해는 면죄부를 말하는 것은 아닙니다. 이해라는 것은 객관화의 도구입니다. 부모의 행동을 그대로 반복하지 않기 위해, 그들의 행동을 '코드'로 해석하는 연습을 해보는 것입니다.

★ 자기 계발 이론으로 보는 '원시 코드의 이해'

많은 자기 계발 이론들이 과거의 자신을 들여다보는 일의 중요성을 강조합니다. 대표적으로 '내면 아이' 이론은, 어린 시절의 경험했던 감정과 상처가 현재의 정서 반응을 좌우한다고 말합니다. 우리가 과도하게 화를 내거나 무기력에 빠지는 이유가, 실은 그 감정과 똑같은 상황을 어린 시절에 경험했기 때문이라는 것입니다. 스티븐 코비의 《성공하는 사람들의 7가지 습관》도 이와 비슷한 이야기를 합니다. 그는 "자신의 역사와 가정을 재작성할 책임이 있다."라고 강조합니다. 다시 말해, 과거의 영향을 인식하는 것만으로는 부족하고, 그 코드의 영향을 끊기 위한 새로운 선택을 해야 한다는 뜻입니다. 바로 이 부분에서 선택이론과도 연결됩니다. 선택이론은 말합니다. "행동은 선택이다." 우리는 자극에 자동 반응할 수 있습니다. 그리고 예전에 습관적으로 하던 반응을 멈추고 새로운 선택도 선택할 수 있는 존재입니다.

★ 부모를 이해할수록, 내가 달라진다

우리가 자주 하는 착각 중 하나는, 부모를 이해하면 그들이 먼저 변할 것이라는 기대입니다. 하지만 현실은 반대입니다. 우리의 부모는 쉽게 변하지 않습니다. 오히려 내가 부모를 이해하게 되면, 내가 부모를 대하는 방식이 달라지기 때문에 내 감정이 변하고, 결국 내 삶의 경험이 바뀌는 것입니다. 예를 들어, 예전엔 부모의 한마디에 불쾌감이 치솟고 온종일 기분이 가라앉았다면, 새로운 선택을 시작하면 이렇게 말할 수 있게 됩니다. "아, 지금 이 말은 내가 예전부터 민감하게 받아들이던 거였지. 저 말이 꼭 나를 공격하려는 건 아니었을 거야." 이처럼 부모를 향한 이해는 결국 나를 위한 보호 장치가 됩니다. 감정적 방화벽이 되어, 내가 내 아이에게 상처를 주는 일도 줄어들게 됩니다.

★ 사랑하려면 이해가 먼저이다

사랑은 그 자체로 완성되는 감정이 아닙니다. 우리는 종종 "그냥 사랑해야지"라고 말하지만, 이해 없이 사랑하는 일은 지치기 쉽고, 공허한 감정에 그치기도 합니다. 《사랑의 기술》로 유명한 에리히 프롬은 말했습니다. "사랑은 감정이 아니라 의지의 행동이다." 이해하려는 노력이 곧 사랑의 출발점이라는 뜻입니다. 부모를 이해한다는 것은, 사랑을 지켜내기 위한 준비를 하는 것과 같습니다. 그리고 이는, 아이를 사랑하려는 나의 마음을 더 깊고 단단하게 만들어 줍니다.

★ 당신도 이해받아야 할 누군가의 아이였다

이 글을 읽는 당신은 지금 누군가의 아빠입니다. 하지만 당신도 분명 누군가의 아들이었고, 그 시절의 당신은 때로는 혼란스럽고, 외로웠고, 인정받고 싶었을 것입니다. 바로 그 '어린 시절의 작은 나'를 이해하고 안아주는 일이, 부모를 이해하는 첫걸음입니다. 나의 부모는 완벽하지 않았고, 나 역시 완벽할 수 없습니다. 하지만 내가 그들을 이해함으로써, 아이에게는 다른 코드를 줄 수 있습니다. 이제는 '상처의 반복'이 아닌, '이해의 재작성'을 시작할 수 있는 시점입니다.

2. 내 안의 '작은 나'를 품는 기술

"아빠도 어렸을 때 그랬어." 혹시 아이에게 이런 말을 해준 적이 있으신가요? 이 짧은 문장은, 지금의 나와 과거의 내가 손을 맞잡는 순간입니다. 그리고 이 문장을 건넨다는 것은, 내가 내 안에 있는 실수투성이일지도 모르는 '작은 나'를 인식하고 있다는 뜻이기도 합니다. 프로그래머로서 표현하자면, 우리의 의식은 최신 버전으로 작동하고 있지만, 무의식 깊은 곳에는 여전히 어린 시절의 코드가 그대로 남아 있는 경우가 많습니다. 감정적 트리거나 자동 반응은 종종 그 오래된 코드에서 실행됩니다. 그렇다면 어떻게 해야 이 '작은 나'를 품고, 그로 인해 더 성숙한 아빠가 될 수 있을까요?

★ 내 안의 작은 나란 누구일까?

심리학자 존 브래드쇼(John Bradshaw)는 "내면 아이"라는 개념을 대중화한 인물입니다. 그는 "내면 아이는 우리의 감정적 상처와 직접 연결된 존재이며, 이 아이를 이해하고 돌보는 것이 성인의 정서적 치유와 회복의 열쇠"라고 말합니다. 자기 계발 이론 중에서도 이 '내면 아이'의 개념은 자주 등장합니다. 특히 트라우마 회복과 감정 조절, 자기수용과 관련된 많은 책에서 핵심 개념으로 다뤄지기도 합니다. 내면 아이는 우리 안에 남아 있는 과거의 기억입니다. 엄마에게 혼났던 기억, 칭찬받고 싶어 노력했던 장면, 외롭고 불안했던 밤, 그리고 한없이 웃으며 뛰놀던 그 순간들의 기억들입니다. 그 아이는 지금도 우리 안에 존재하며, 때때로 조용히 울고 있거나, 갑자기 나타나 통제할 수 없는 감정 반응으로 이어지기도 합니다. 그 아이는 우리가 무시하거나 버려야 할 존재가 아니라, 품어야 할 나 자신입니다.

★ 선택이론으로 바라본 '내면 아이'

선택이론에서는 인간의 행동을 "욕구 충족을 위한 선택"으로 해석합니다. 윌리엄 글래서 박사는 우리가 어떤 행동을 할 때, 그것은 생존, 소속감, 힘, 자유, 즐거움이라는 다섯 가지 기본 욕구 중 하나 이상을 충족시키기 위한 '선택'이라고 말합니다. 그렇다면 어린 시절의 나는 왜 그렇게 울었을까요? 왜 그렇게 주목받고 싶어 했을까요? 왜 엄마 아빠에게 화를 냈을까요? 바로 그 시절의 나도 선택을 했던 것입니다. 부족했던 '소속감'이나 '인정받고 싶은 힘'의 욕구를 채우기 위해서 말입니다. 아빠가 된 지금, 내 아이가 그런 선택을 할 때 이해하려고 노력합니다. 그런데 정작 내 안의 '작은 나'가 같은 행동을 할 때는 왜 그렇게 쉽게 부정하고 억누르려 할까요?

★ '작은 나'를 만나는 방법

1. 감정 기록하기 : 감정이 튀어나온 순간을 로그로 남기기

"왜 그 순간 그렇게 화가 났지?" 감정이 올라왔던 상황을 기록해 보면 감정의 패턴이 보입니다. 그 상황은 내가 어릴 적 겪었던 어떤 경험과 묘하게 닮아 있을 수 있습니다.

2. 어린 시절 사진 꺼내 보기

아기 때, 초등학교 때, 사춘기 시절의 사진을 꺼내 놓고 바라보세요. 그리고 조용히 나에게 말해봅니다.

"너 많이 외로웠지. 그런데 참 잘 버텼다."

3. '작은 나'에게 편지 쓰기

"그때 너는 혼자였고, 무서웠고, 억울했지. 그런데 아무도 그걸 알아주지 않았어." 이런 문장을 써 내려가다 보면, 눈물이 날 수도 있고, 마음이 풀리는 경험을 하기도 합니다. 그런 경험은 내 안의 작은 내가 이제야 나에게 발견되었기 때문입니다.

★ 내면 아이와 감정 프로그래밍

감정이란 데이터와도 같습니다. 어린 시절에 경험한 감정은 마치 '하드코딩된 변수'처럼, 특정 입력값에 자동으로 작동하는 경우가 많습니다. 예를 들어, 누군가 무시하는 듯한 말을 들으면 자동적으로 "나를 깔보는구나!"라는 감정이 튀어나오는 것입니다. 이럴 때 필요한 것은 리팩토링입니다. 감정 변수들을 새롭게 선언하고, 예외 처리를 넣어주는 것입니다.

```
if 누군가_무시하는_말투 :
    if self.inner_child.healed :
        self.react_with("차분함")
    else :
        self.react_with("분노")
```

즉, 내면의 상처를 인식하고 치유하는 것이야말로 감정 반응을 다시 설계하는 출발점입니다.

★ 아이의 '작은 나'도 함께 품기

아빠로서 중요한 역할 중 하나는, 우리 아이의 내면 아이를 보호해 주는 것입니다. 특히 사춘기 시기의 아이는 정체성과 감정의 변동이 극심합니다. 이 시기에는 '어른스러운 척'과 '어린아이 같은 반응'이 뒤섞여 나옵니다. 아이가 감정적으로 폭발할 때, 그것을 "쟤 왜 저래"라고 판단하기보다, "아, 지금 우리 아이 안의 작은 아이가 울고 있구나"라고 바라보면 마음이 다르게 움직입니다. "아빠도 네 나이 땐 그랬어. 이해해. 같이 이겨내 보자." 이런 말 한마디가 아이의 내면을 따뜻하게 감싸줍니다. 그리고 나 역시 내 안의 아이를 품는 연습을 계속하게 됩니다.

★ 회복은 언제나 '인정'에서 시작됩니다.

자기 계발 이론 중에서도 감정 회복과 변화의 핵심은 인정입니다. "나는 그런 경험을 했고, 그래서 지금의 나로 자랐구나." 이 문장을 마음속에서 받아들이는 순간, 우리는 더 이상 피해자가 아니라, 회복을 선택한 주체가 됩니다. 사이먼 시넥(Simon Sinek)은 "과거를 바꿀 순 없지만, 미래를 위해 해석할 수는 있다"고 말했습니다. 과거의 내가 나에게 남긴 메시지를 다시 읽고, 새로운 해석을 붙이는 것, 그것이 '내 안의 작은 나'를 품는 가장 현실적인 기술입니다.

아빠가 된다는 것은, 어른으로만 살아가는 게 아니라 어린 시절의 나도 함께 데리고 걷는 여정입니다. 때로는 그 아이가 투정을 부리고, 주저앉아서 엉엉 울 수도 있을 것입니다. 하지만 우리가 할 수 있는 건, 그 아이의 손을 꽉 잡고 "괜찮아, 같이 가자"라고 말해주는 것입니다. 그렇게 내 안의 '작은 나'를 품을 수 있을 때, 나는 더 따뜻하고 단단한 아빠로 성장해 나가게 됩니다.

3. 과거의 나에게 보내는 사과문

"그때는 정말 몰랐단다. 그리고 너무 힘들었어. 그래서 너에게도 상처를 줬어. 미안해."

아빠로 살아가면서, 가끔은 지금의 나보다 과거의 내가 더 또렷하게 떠오를 때가 있습니다. 특히 아이와 부딪히거나, 아이의 이해되지 않는 행동을 볼 때면, 마치 데자뷰처럼 과거의 내가 재생되듯 눈 앞에 펼쳐지고는 합니다. 아이의 눈빛 속에 어린 시절의 내 눈빛이 겹쳐 보이고, 내 목소리가 올라갈 때마다, 예전 누군가의 목소리가 내 귓가를 때립니다. 이럴 때마다 문득 떠오르는 한 사람이 있습니다. 바로, 어린 시절의 나입니다. 지금의 나는 알고 있습니다. 어린 나는 사랑이 고팠고, 안전한 품이 필요했고, 따뜻한 눈 맞춤 하나에 온 세상을 얻은 듯 웃던 아이였습니다. 하지만 그 시절 자주 외로웠고, 이해받지 못했고, 혼나기 전에도 이미 스스로를 탓하곤 했습니다.

그때 나에게 꼭 해주고 싶었던 말이 있습니다. 이제야 늦었지만, 이렇게라도 진심을 담아 전하고 싶습니다.

미안해. 그때 너를 지켜주지 못해서.

너는 그냥 평범한 아이였어. 매일매일 웃고 울고, 실수도 하고, 엉뚱한 말도 하고, 괜히 속상해 울음을 터뜨리는 그런 아이. 그런데 어른들은, 그걸 허용해주지 않았지. "왜 그렇게 말해?", "그게 뭐가 억울해? 억울하면 잘하든지!", "너는 왜 맨날 그러니?"라는 말들이 점점 작아지게 만들었고, 점점 덜 표현하는 아이로 만들었지요. 이제서야 알게 되었어요. 그 말들은 너에게 '있는 그대로의 모습은 부족하다'는 메시지를 줬다는 것을요. 그래서 나는 지금, 너에게 용서를 구하고 싶어. "그때 너를 있는 그대로 받아주지 못해서 미안해.", "너는 충분히 소중한 아이였고, 그 자체로 사랑받아 마땅했어."

그 어렵던 시절에도, 너는 포기하지 않았지. 무서워도 참고, 억울해도 넘기고, 외로워도 웃으면서 살았지. 그 모든 순간을 지나온 너 덕분에 지금 내가 있어요. 어릴 때는 몰랐어요. 그저 견디고 버티는 게 당연한 줄 알았고, 어른이 되면 다 괜찮아질 줄 알았죠. 하지만 지금 나는 알아요. 그 모든 버팀의 시간들이 너의 용기였다는 걸요. 너는 정말 잘해왔고, 무엇보다 대단했어.

"정말 고마워. 너는 잊지 말아야 할 존재야. 내가 더 나은 사람이 되고 싶다는 마음도, 사실 너로부터 시작된 거였어."

이제는 더 이상 너를 외면하지 않을거야. 아이와의 갈등 상황에서, 내 감정이 폭발할 것 같은 순간마다 나는 너를 떠올려. '지금 내가 소리치고 싶은 건, 혹시 나 자신에게 했던 말이 아니었을까?', '지금 아이가 나를 필요로하듯, 그 시절의 나도 누군가를 필요로 했지 않았을까?' 이렇게 마음속에서 너를 안아주는 일이, 나를 조금씩 성장시켜 주었어. 그래서 지금 나는 아이를 혼낸 뒤, 꼭 안아주곤 해. 그리고 아이에게 이런 말을 해.

"아빠가 너무 화가 나서 그랬어. 너는 잘못한 게 아니야. 아빠가 아직 연습 중이야."

이 말은, 사실 너에게도 하고 싶었던 말이야. 그 시절의 내가 듣고 싶었던, 하지만 아무도 해주지 않았던 말이야. 이제 내가 그 말을 꺼낼 수 있는 사람이 되었다는 사실이,

나를 눈물짓게 해.

선택이론에서 말하는 '사랑의 욕구'는, 인간의 본질적 동기 중 하나입니다. 과거의 나는 이 욕구를 제대로 채우지 못했기에, 애쓰며 사람들의 눈치를 보고, 인정받으려 달려갔을 것입니다. 하지만 지금 나는, 선택할 수 있습니다. '사랑받는 존재'로 나 자신을 다시 설정할 수 있습니다. 그리고 그 기반 위에서, 아이에게 사랑을 전할 수 있습니다. 나를 인정하고, 나를 품을 수 있을 때, 비로소 타인도 품을 수 있기 때문입니다.

'내면 아이'를 회복하는 작업은, 삶의 다양한 문제의 핵심을 풀 수 있는 열쇠가 되기도 합니다. 리사 라모트의 "너는 네 생각보다 강하다"에서도, 과거의 상처를 인식하고, 그 시절의 나에게 연민을 보내는 것이 현재를 살아가는 힘이 된다고 강조합니다.

지금의 나는 과거의 나에게 이렇게 약속합니다.
"이제 너를 숨기지 않겠어."
"네가 울고 싶을 때는, 내가 함께 울어줄게."
"네가 웃고 싶을 때는, 내가 마음껏 웃게 해줄게."

"너는 나의 일부이고, 앞으로도 함께 살아갈 존재야."

과거의 나에게 사과하는 일은, 현재의 나를 치유하는 길이기도 합니다. 그리고, 그 치유는 고스란히 내 아이에게로 이어집니다. 왜냐하면, 나의 상처가 닫힐수록 아이에게 주는 말과 눈빛이 달라지기 때문입니다.

오늘, 거울 앞에 서서 혹시라도 당신 안의 '작은 나'를 떠올릴 수 있다면 이렇게 한 마디 말해주기를 바랍니다.
"그땐 정말 미안했어. 이제는 내가 지켜줄게."

그리고 진심을 담아 나 자신을 안아주세요. 그 순간, 당신의 아이도, 아내도, 그리고 지금의 당신도 좀 더 따뜻한 내일을 살아갈 수 있을 것입니다.

| 에필로그 |

***

미완성의 미학
/ 완성된 프로그램은 없다 /

어느덧 아빠 2.0의 마지막 단계에 이르렀습니다. 긴 시간을 들여 '아빠 최적화 로직'이라는 프로그램을 만들어 보았지만, 이 책에서 마지막으로 전하고 싶은 메시지는 다소 역설적입니다. 그것은 바로 "완성된 프로그램은 없다"라는 진실입니다.

프로그래머로서 코드를 짤 때, 이왕이면 완벽한 소프트웨어를 만들고 싶어 합니다. 버그 하나 없이, 모든 환경에서 잘 작동하고, 보안도 탄탄한 시스템을 꿈꿉니다. 하지만 현실은 그렇지 않습니다. 아무리 정교하게 만들어도 운영 중에는 예기치 않은 예외가 생기고, 사용자의 요구는 계속해서 진화합니다. 그래서 프로그래머는 업데이트를 하고, 패치를 배포하고, 심지어는 처음부터 다시 만드는 재설계를 하기도 합니다.

아빠라는 시스템도 위와 비슷합니다. 완성이라는 개념보다는 지속적인 개선과 유연한 대응, 그리고 자기 자신을 돌아보는 주기적인 루틴이 더 중요합니다. 자녀와의 관계, 아내와의 소통, 자신의 감정과 성장 모두 고정된 결과물이 아니라 한순간도 멈춰있지 않는 역동적으로 변화하는 생태계에 가깝습니다. 그러므로 스스로를 미완성인 채로 받아들이는 태도야말로, 가장 강력한 성장의 출발점이 됩니다.

> **'완성'에 집착하지 마세요.**
> **'과정'이 더 의미 있고 중요합니다.**

많은 아빠들이 '좋은 아빠'가 되겠다는 마음으로 무언가 정답을 찾으려고 합니다. 어떤 육아법이 옳은지, 어떤 말투가 효과적인지, 아이의 문제 행동에 어떤 대처가 정석인지 찾고 있습니다. 마치 수학 문제 풀이와 같이 정해진 답을 원합니다.

하지만 자녀와의 관계를 포함한 모든 사람과의 관계에는 고정된 정답이 없습니다. 아이가 어제 다르고 오늘 다르듯이, 아빠 역시 날마다 다른 감정 상태, 환경, 에너지 수준 속에서 살아가고 있습니다. 이런 역동적인 상황 안에서 완벽한 매뉴얼은 존재할 수 없습니다.

여기서 중요한 자기 계발 개념 중 하나는 '성장 마인드셋'입니다. 사람은 고정된 능력을 지닌 존재가 아니라, 노력과 학습을 통해 계속 발전할 수 있는 존재라고 이야기합니다. 실패와 미완성은 그 자체로 끝이 아니라 새로운 것을 익힐 수 있는 학습의 재료라는 관점입니다. 아빠로서도 이 관점을 가진다면 훨씬 더 유연해질 수 있습니다.

"나는 지금도 성장 중이고, 아이와 함께 진화하고 있다." 이렇게 말하는 순간, 우리는 정답이 아니라 가능성에 집중하게 됩니다.

★ 버전 관리, 그것은 인생의 흐름

개발자들은 '버전 관리 시스템'을 통해 프로그램의 진화를 기록합니다. 예전에는 기능이 부족했지만, 점점 업데이트되면서 더 안정적이고 사용하기 편리해집니다. 아빠로서의 나도 마찬가지입니다.

- **버전 1.0** : 처음 아빠가 되었을 때. 좌충우돌, 시행착오 가득.
- **버전 1.5** : 아이와의 갈등을 마주하면서 감정을 다루기 시작.
- **버전 2.0** : 감정을 인식하고, 회복 루틴을 정립하고, 대화가 가능한 아빠로 성장.

하지만 2.0이 끝은 아닙니다. 아이가 사춘기를 맞으면, 또 다른 업데이트가 필요합니다. 배우자와의 관계가 변하면, 그것도 또 하나의 리팩토링이 필요합니다. 이런 식으로 우리는 계속 진화하는 시스템입니다. 이때 도움이 되는 자기 계발 이론은 '켄 윌버의 통합 이론(Integral Theory)'입니다. 인간의 성장을 단순한 기능의 향상으로 보지 않고, 감정, 인식, 관계, 행동 등 다양한 영역에서의 동시적인 진화로 이해합니다. 아빠로서의 성장 역시, 단일 차원이 아니라 다면적인 진화입니다. 그렇기 때문에 완성이라는 말은 성립할 수 없습니다.

★ 미완성의 아름다움을 인정할 때 생기는 여유

우리는 때로 완성되지 못한 자신을 보며 자책합니다. 아이에게 화를 냈을 때, 아내와의 다툼 이후 회복이 더뎠을 때, 반복되는 실수를 또 저질렀을 때 반복적인 상황을 마주하고는 합니다. 하지만 그런 순간에도 아래의 말을 꼭 기억하면 좋겠습니다.

"나는 아직도 업데이트 중인 프로그램이다."

"이 에러는 고쳐질 수 있고, 다음 패치에 반영할 수 있다."

이러한 사고는 선택이론(Choice Theory)에서도 중요하게 다뤄지는 부분입니다. 윌리엄 글래서 박사는 외부 통제 심리학이 아닌, 내적 통제와 책임감을 바탕으로 나의 행동을 주도적으로 선택할 수 있다고 말합니다. 즉, 우리는 매 순간 선택을 통해 나아질 수 있다는 것입니다. 실수는 패배가 아니라 선택의 지점이라는 것을 기억해야만 합니다.

★ 아이에게 보여주고 싶은 아빠의 모습은 무엇인가요?

한 번 생각해 보면 좋겠습니다. 아이가 인생에서 넘어졌을 때, 아빠가 보여주는 모습은 어떤 것이기를 원합니까?

1. 완벽한 해결책을 들이밀며, "이렇게 해야지!"라고 말하는 아빠?
2. 아니면, "아빠도 이런 실수를 많이 했단다. 그때마다 조금씩 나아졌어."라고 말하는 아빠?

아이에게 중요한 것은 실수 없는 모습이 아닙니다. 실수한 후 어떻게 회복하고, 다시 선택하는지를 보여주는 것, 그것이 진짜 교육이고 사랑입니다. 부족하고 미완성인 모습을 인정하면서도, 끊임없이 방향을 고쳐 나가는 태도―이것이 진짜 성장하는 아빠의 모습이 아닐까요?

★정답이 아니라, 질문을 품은 채로 나아가기

완성된 프로그램은 없기에, 우리는 질문을 품은 채로 살아갑니다.

- 오늘 나는 어떤 선택을 했는가?
- 아이의 말에 충분히 귀를 기울였는가?
- 아내와의 대화에서 방어적이지 않았는가?
- 나 자신에게도 따뜻했는가?

이런 질문들은 버전 3.0을 넘어 4.0으로 나아가는 나침반이 됩니다. 그리고 그 방향을 향해 조금씩 걷는 하루하루가, 결국 우리 삶의 아름다운 여정을 완성해 줄 것입니다.

아빠라는 프로그램은 완성되지 않습니다. 그러나 그 미완성 속에서 우리는 가장 진짜 같은 아빠가 되어갑니다. 지금의 나도 괜찮습니다. 어제와 다른 선택을 하는 오늘이 있기 때문에 내일의 당신은 더 괜찮아질 것입니다.

이 책이 가족에게 사랑받고 인정받는 아빠의 마중물이 되길 진심으로 기원합니다.

북큐레이션 • 마인드셋 전환으로 당신의 삶을 혁명적으로 바꿔줄 라온북의 책
《아빠 2.0 새로운 아빠 되기》와 함께 읽으면 좋을 책. 사고의 패러다임을 혁신해 남보다 한 발 앞서 미래를 준비하는 사람이 주인공이 됩니다.

직장인이 직업인으로 살아가는 방법

인생 리셋

김형중 지음 | 19,500원

**호모 헌드레드 시대, 당신의 인생 2막을 준비하라
창직의 시대, 나의 가치 밸류 업 노하우!**

이제 대한민국은 저성장 시대로 접어들었다. 저성장이 가져다주는 신호는 우리에게 분명하다. 직장인으로서 나의 여건을 냉철하게 재점검하고, 내 인생의 포트폴리오를 만들어가야 한다. 퇴직 이후의 시간은 너무나도 길다. 현재 나의 직장생활만을 안위하면서 살아가는 것은 너무나도 안타까운 일이다. 우리의 삶을 건강하고, 가치 있고, 지속가능하게 가져가야 할 것이다. 이를 위해 이 책 《인생 리셋》이 당신의 삶에 시금석이 되어 줄 것이다. 은퇴라는 강줄기의 끝에는 새로운 미래가 자리잡고 있다. 《인생 리셋》을 통해 당신의 더 큰 미래를 열어보자!

퇴직 전 30억 만들기 프로젝트

직장인 불로소득

홍주하 지음 | 19,800원

**《직장인 불로소득》으로 퇴직 전 30억 만들기,
투기가 아닌, 투자를 하면 얼마든지 가능하다**

이 책 《직장인 불로소득》은 부동산, 미국 주식 ETF 등 다양한 재테크 방법을 안내하고 있다. 그리고 이렇게 투자한 시간으로 얻은 불로소득은 직장에서 온종일 일하며 번 월급보다 더 많은 소득을 벌어줄 것이다. 직장에서 받는 월급은 내가 노력하는 만큼 보상을 해주지 않는다. 하지만 불로소득은 다행히 내가 노력한 만큼 소득을 가져다 줄 것이다. 또한, 시간이 갈수록 복리 그래프를 그리며 당신의 자산을 두둑이 불려줄 것이다.
명심하라. 퇴직 전 30억 만들기를 할 수 있느냐, 아니냐는 당신의 선택에 달려있다. 시작도 하기 전에 스스로 한계를 긋지 말기 바란다. 이 책 《직장인 불로소득》은 독자들을 통해 여유롭고 풍요로운 노후로 이끌어 줄 것이다.

초필사력

이광호 지음 | 19,500원

**읽고 적고 생각하고 실천하라!
필사의 기적이 당신의 삶에 또다른 문을 열어줄 것이다!**

필사는 행동력을 높여준다. 필사 노트에는 책 내용뿐만 아니라 생각, 감정, 지식, 계획…, 머릿속에 일어나는 중요한 아이디어를 모두 담을 수 있다. 자극받았을 때 바로 행동할 수 있도록 노트에 실행 계획을 바로 세울 수도 있다. 필사할수록 기록이 생활화된다. 기록은 기획, 실행, 성과, 수정에 이르기까지 모든 행동을 눈으로 확인할 수 있게 해준다. 나를 측정하고 개선을 돕는다. 그래서 필사는 기록하는 습관을 통해 실천력을 키워준다. 누구나 행동하면 자기 이름으로 살아갈 수 있는 시대다. 당신이 어디에서 무엇을 하든 어제는 운명이고, 내일은 선택이며, 오늘은 기회라는 것을 기억했으면 좋겠다. 기회가 왔다. 자, 이제 필사의 세계로 함께 떠나보자.

연봉을 2배로 만드는 기적의 노하우

파워 루틴핏

정세연 지음 | 19,500원

**파워루틴이 당신의 삶에
변화와 행복의 실행력을 불어넣을 것이다!**

파워 루틴은 일상 속의 공식이자 실제적인 액션플랜이다. 루틴으로 탄탄해진 일상은 실력이 되고 성과로 나타난다. 남들과는 다른 탁월함이 되어준다. 일을 할 때도, 돈을 모을 때도, 건강을 챙길 때도 루틴 공식은 필요하다.
이 책은 공기업에서 17년 차 여자 차장으로 쌓아온 정세연 저자의 내공과 지혜, 경험을 온전히 녹여냈다. 행복해지고 싶고, 이제는 좀 달라지고 싶지만, 어디서부터 어떻게 시작해야 할지 모르겠다면, 파워 루틴핏으로 오늘이라는 계단을 올라보길 바란다. 한 번에 한 계단씩 천천히 행복하게 오를 수 있도록 파워 루틴 코치인 저자가 도와줄 것이다. 일상 속 사소하지만 중요한 고민들의 해답을 얻길 바라며, 이제 함께 파워 루틴핏을 시작해보자.

핵개인 시대를 주도하는 당신의 하이퍼 퍼스낼리티 강화 전략